JAPANISCHE IMPRESSIONEN

JAPANISCHE IMPRESSIONEN

IRMTRAUD SCHAARSCHMIDT-RICHTER
EBERHARD GRAMES

日本

EDITION STEMMLE
SCHAFFHAUSEN · ZÜRICH · FRANKFURT/M · DÜSSELDORF

Inhalt

Natur 16

Mag die japanische Welt auch noch so technisiert sein, die Natur bleibt eines der wichtigsten Elemente der Kultur Japans, wenn nicht vielleicht das wichtigste überhaupt. Wird die Natur doch als die schöpferische Kraft gesehen, aus der und durch die der Mensch lebt. Im ostasiatischen Bereich allgemein befindet sich der Mensch inmitten der Natur als ein Teil von ihr und niemals ihr gegenüber. Nach den Vorstellungen des Götterweges Shintō manifestieren sich diese geistigen Kräfte im Fels, im Berg, im Baum, im Wasserfall als den Orten der göttlichen Herabkunft. Und da Buddha in allem ist, gibt es auch in der buddhistischen Gedankenwelt kaum einen Unterschied zwischen Mensch, Tier und Pflanze.

Diese Haltung drückt sich auf vielerlei Weise aus, so in der noch heute nicht verlorengegangenen Vorliebe für Naturmaterialien beim Gerät, beim Hausbau und der darin erfahrbar werdenden Reinheit des Unverfälschten, wie in der früher als in Europa sich entwickelnden künstlerischen Gestaltung der Landschaft, sei es im Gedicht, in der Malerei oder im Garten. Im Ablauf der Jahreszeiten gibt es zahlreiche Ereignisse, die mit Festen ganz eigener Art gefeiert werden; die rote Glut des herbstlichen Ahorns gehört dazu und in gleicher Weise das rauschhafte Blühen der Kirschbäume in freier Landschaft wie mitten in der Stadt.

Landschaft 20
Kirschblüten 34
Garten 44
Bonsai 54

Religion 62

Die beiden wichtigsten Pole im religiösen Empfinden des Japaners bilden nach wie vor der Shintō, der Götterweg, und der Buddhismus, die in früher Zeit einmal sogar eine enge Symbiose eingegangen waren. Im Shintōismus stehen die Gottheiten oder *kami* im Zentrum, Geistwesen, die sich in Naturerscheinungen manifestieren als die alles bewegenden Kräfte. Mit diesen Vorstellungen, die aus verschiedenen Mythenkreisen schöpfen, verbindet sich eine Ahnenverehrung, die in den Buddhismus hineinwirkt und die für die Familie große Bedeutung hat. Im 6. Jahrhundert kam offiziell der Buddhismus aus China über Korea nach Japan und fand sehr rasch eine weite Verbreitung. Auf der Grundlage des Mahayana-Buddhismus und esoterischer Riten entstand im Laufe der Jahrhunderte, auch durch wiederholten Einfluß aus China, ein vielstöckiges Gebäude verschiedener Lehren, unter denen die Zen-Lehre, die selbst wieder verschiedene Schulrichtungen entwickelte, zwar eine der für Japan wichtigsten, aber nicht die einzige ist.

Shintō 66
Buddhismus 68

Kunsthandwerk 82

Das Kunsthandwerk genießt in Japan einen großen Ruf, und ein Meister der Keramik oder des Lacks wird genauso verehrt wie ein anderer großer Künstler. In den meisten großen Museen werden, trotz ebenso vorhandener Kunsthandwerksmuseen, kunsthandwerkliche Gegenstände gleichzeitig mit Malerei und Plastik ausgestellt. Einer der Gründe dafür mag die allgemeine Hochschätzung sein, die jeder Art von künstlerischer Tätigkeit, wenn sie nur meisterliches Können und Aufrichtigkeit der Empfindung und Gestaltung verrät, entgegengebracht wird. Eine bedeutende Stellung im gesamten japanischen Kunsthandwerk nimmt die Keramik ein. In der Gestaltung der skulpturalen Teegefäße für die Teekunst *chanoyu* kommt diese künstlerische Kraft am deutlichsten zum Ausdruck, zumal die Teekunst selbst für die japanische Ästhetik von besonderer Wichtigkeit ist. Doch Kimono-Malerei oder die Herstellung des berühmten Japan-Papiers aus Pflanzenfasern findet fast ebenso große Achtung. Unterstrichen wird dies alles durch die Tatsache, daß die bedeutendsten Meister mit großen Fähigkeiten zum sogenannten „Gestaltlosen Kulturbesitz" *(mukei bunkazai)* erklärt werden können. Dies verpflichtet sie, ihre traditionellen Techniken weiterzugeben, so daß diese niemals untergehen können.

Keramik 86
Papier 98
Kimono 112

Reisen 122

Seit den Anfängen ihrer Geschichte kennt man die Japaner als eines der reiselustigsten Völker. Spätestens aus dem 10. Jahrhundert ist es literarisch belegt: Schon damals reiste man zum Vergnügen, um sich der Landschaft zu erfreuen. Man pilgerte aber auch zu Tempeln und Schreinen, oder aber man begab sich auf Reisen, um sich politischen Problemen zu entziehen. Später waren dann die „Reisehäuser", die Ryokans, aufgekommen, um die vielen, die unterwegs waren, unterzubringen. Sie bestehen vielerorts noch heute, und manche scheinen sich kaum verändert zu haben. Das Essen wird hier stets auf dem Zimmer serviert, und welch ein Genuß ist es, wenn den Gästen zum Abendessen wahre Kunstwerke aus Fisch, Gemüsen und vielem anderem aufgetragen werden. Gemeinsames Tafeln gilt auch in Japan als ein Weg der Kommunikation, aber auch der besonderen Augenfreuden. Und schließlich fährt man ins Onsen, ins Bad der heißen Quellen, die so reichlich im ganzen Land aus dem Boden treten, mineralhaltig und heiß, denn die japanischen Inseln sind aus verschiedenen vulkanischen Aktivitäten entstanden. Ein Besuch im Onsen gehört zu den größten Vergnügungen des Japaners, denn nichts entspannt besser, als wohlig die Glieder ins heiße Wasser zu tauchen.

Ryokan 128
Bei Tisch 138
Onsen 148

自然宗教工芸旅行

Einführung

In wie vielen Bereichen ist es uns nahe gerückt, das ferne Inselreich, Land der Aufgehenden Sonne. In den Straßen unserer Städte leuchten uns die Namen großer japanischer Firmen entgegen, rollen die Autos japanischer Marken; die Elektroniks sind fast schon identisch mit dem Namen dieses Landes. In unseren besten Orchestern sitzen die Töchter und Söhne Nihons in den vordersten Reihen und tragen wesentlich zum Erfolg unserer musikalischen Welt bei. Dafür schauen unsere bildenden Künstler gebannt nach Tōkyō, ob sie von der großen japanischen Kunstbegeisterung, die sich nun auch international und materiell niederschlägt, nicht profitieren können.

Was aber wissen wir wirklich von diesem Land, das in seiner Geschichte und Kultur so reich ist an Glanz- und Höhepunkten und von dem wir glauben, daß es uns so viele Rätsel aufgibt?

Seine Geschichte:
Seit es als Reich ins Licht der Geschichte trat, ist Japan ein Kaiserreich – heute als konstitutionelle Monarchie. Seine Dynastie ist zwar bis heute die gleiche, aber der Kaiser war in nur sehr kurzen Perioden wirklich Alleinherrscher und jedenfalls schon von daher mit den westlichen Herrschern, das heißt vor der Mitte des 19. Jahrhunderts, kaum vergleichbar. Der jetzige Zustand wurde 1868 unter Einfluß des Westens herbeigeführt, doch hat das moderne japanische Kaisertum noch durchaus eigene Züge. Bis zu jenem Zeitpunkt aber spielten dem Kaiserhaus gegenüber – in der einen oder anderen Form – die großen Familien des Reiches die dominierende Rolle. Das hinderte sie jedoch nicht, sich gegenseitig heftig zu bekämpfen, sich wieder zu verbünden, gegenseitig umzubringen und wieder zu versöhnen. Die japanische Geschichte ist eine Geschichte der Familien, Familiengeschichte.

Vorgeschichtliche Periode – Staatswerdung
Interessante Artefakte sind bereits aus der vorgeschichtlichen Zeit, der sogenannten Jōmon-Periode (etwa 10. Jahrtausend v. Chr. bis 3. Jahrhundert v. Chr.), erhalten: Schnurkeramiken, die aber einen sehr plastischen Dekor von fast barocker Üppigkeit aufweisen, abgelöst dann von einer schlichteren, schon fast eleganten Keramikform, möglicherweise von Einwanderern mitgebracht. Diese von ihr bestimmte Yayoi-Periode geht im 3. Jahrhundert über in die Kofun- oder Tumulus-Periode mit ihren riesigen, von Gräben umgebenen Bestattungshügeln, die von eigenartigen Figuren umsteckt waren, den *haniwa.*

Mit dieser Periode – sie reicht bis ins 6. Jahrhundert – beginnt, so kann man sagen, die eigentliche japanische Geschichte. Damals formierte sich auch der Shintō oder „Götter-Weg", eine die Naturkräfte und die Ahnen verehrende, noch heute lebendige Religion, und erhielt in Schreinen, zunächst in temporären, dann in festen Bauten, konkrete Gestalt. Der erste war der Schrein von Izumo, Zentrum eines besonderen Mythen- und Kulturkreises, der sich lange Zeit von dem langsam Konturen annehmenden Zentralstaat fernhielt. Das andere Zentrum entstand mit dem Schrein von Ise, der der Schrein der kaiserlichen Familien wurde, Zeichen dafür, daß schon damals die „Familien-Geschichten" im Mittelpunkt standen, denn der Innere Schrein von Ise ist der Ahnengottheit des Kaiserhauses, der Sonnengöttin Amaterasu, und der Äußere Ise-Schrein der Reisgottheit Toyo'ukehime gewidmet. Historiker schließen aus dem Nebeneinander, daß der damals in dieser Gegend sich niederlassende kaiserliche Clan den dort ansässigen Ise-Clan, der die Reisgottheit verehrte, besiegte.

Das Jahr 552 wird als Datum für die offizielle Übernahme des Buddhismus angenommen: der König von Paeckche, einem Teilstaat des heutigen Korea, sandte eine Buddhastatue und buddhistische Schriften mit der Empfehlung, daß diese neue Lehre ein nützliches Mittel für eine gute Regierung sei. Sogleich setzte sich die mächtige Soga-Familie für die Verbreitung des Buddhismus ein, heftig bekämpft jedoch von den Familien Mononobe und Nakatomi, die um ihren Einfluß auf den Kaiser fürchteten, schließlich aber unterlagen. Doch auch die Soga hielten sich nicht, sie wurden zu übermütig und stellten Ansprüche an den Kaiserthron; diesmal siegten die Nakatomi. Diese Clan-Kämpfe sind symptomatisch für die ganze japanische Geschichte, bis in die Neuzeit hinein. Kriege nach draußen führte das Inselvolk bis dahin so gut wie nie.

Prinzregent Shōtoku-taishi
Eine der großen geistigen wie politisch führenden Gestalten jener Zeit, bedeutsam für alles, was sich dann entwickelte, war der Prinzregent Shōtoku-taishi (574–622). Nach chinesischem Vorbild schuf er einen zentralisierten Beamtenstaat, der jedoch durch den Einfluß der adligen Familien sehr bald andere Züge annahm. Vor allem aber förderte er den Buddhismus, die Wissenschaften und die Künste und legte auch den Grundstein für die Taika-Reform von 645 (649 abgeschlossen). Diese Reform vollendete die Neuordnung des Staatswesens, stärkte die Stellung des Kaisers, machte allen Grund und Boden zu Staatseigentum, schuf eine Beamtenschaft, die feste Einkünfte erhielt, entwarf eine Rangordnung, führte Familienregister ein und baute ein Postsystem auf. Schließlich gründete Shōtoku-taishi – wieder nach chinesischem Vorbild – eine Hohe Schule oder Akademie, zunächst für die Söhne des höheren Adels, die sie vom 10. bis zum 20. Lebensjahr besuchten. Gleichzeitig wurde in den Adelsresidenzen unterrichtet, hier durften auch Mädchen daran teilnehmen. Darüber hinaus entstanden in den Provinzen kleinere Schulen, die neben den Beamtensöhnen auch Schüler aus dem Volk besuchen konnten.

Nara-Zeit (710–794)
Im 8. Jahrhundert erstand in Kaiser Shōmu-tennō (724–749) dem Land ein weiterer Förderer des Buddhismus. Gemeinsam mit seiner Gemahlin kümmerte er sich jedoch nicht nur um die Verbreitung dieser Lehre, sondern er schuf verschiedene soziale Einrichtungen, und bei der Versorgung der Lepra-Kranken soll die Kaisergemahlin konkret und tatkräftig geholfen haben. Zu jener Zeit wurde das „erste Museum der Welt" in einem mächtigen Blockbau eingerichtet: das Shōsōin-Schatzhaus. Denn die Kaisergemahlin stiftete nach dem Tod des Shōmu-tennō den größten Teil ihres Hausrates, Kunst- und Gebrauchsgegenstände, einigen Tempeln, die diese in ihren Schatzhäusern aufbewahrten. Davon hat sich dieses Shōsōin-Schatzhaus des Tōdaiji-Tempels in Nara bis heute erhalten. Mit den Gegenständen jener Zeit aus Japan, China, Persien und anderen Ländern, wie sie in der Welt nirgends erhalten sind, gibt es Zeugnis von der von China angeführten kosmopolitischen Kultur dieser Epoche.

741 hatte Shōmu-tennō mittels Dekret überall im Land Provinzial-Haupttempel einrichten lassen, die für die Verbreitung der Kultur sorgten. Schon seit Shōtoku-taishi war die Entwicklung des Buddhismus rasch vorangeschritten, zahlreiche Tempelbauten dokumentieren es. Dem folgte eine sich bald zur Hochblüte steigernde buddhistische Kunst, Skulptur und Malerei von außerordentlicher Kraft und Schönheit. Vieles davon ist heute noch erhalten. 759 wurde auch die erste Gedichtsammlung, das Manyōshū, kompiliert, dessen Gedichte bis ins 5. Jahrhundert zurückreichen und nicht nur vom Kaiser, vom Adel oder von den Gelehrten stammen, sondern auch Gedichte von Fischern, Bauern, auch Frauen verschiedener Stände enthalten. 712 und 720 wurden die ersten Annalen zusammengestellt. Seit 710 bis 784 befand sich die Hauptstadt bzw. der Kaiserhof im heutigen Nara. In früherer Zeit wurde aus religiösen wie wohl auch aus praktischen Gründen der Residenz- und Verwaltungsplatz häufig gewechselt. Doch als man schließlich 794 die Residenz an den Kamo-Fluß verlegt hatte, beließ man sie dort, und es entstand eine große Hauptstadt – das heutige Kyōto –, sie blieb es bis 1869.

Heian-Zeit (794–1185)

In dieser neuen Hauptstadt begann der Einfluß der seit dem 7. Jahrhundert aufsteigenden Fujiwara-Familie stetig zu wachsen, und im gleichen Maße verlor der Kaiser an Macht. Die Fujiwara hatten sich durch geschickte Familien- und Heiratspolitik dem Kaiserhaus verbunden und übten als Kanzler und höchste Hofbeamte die eigentliche Regierungsgewalt aus. Unter ihnen befanden sich aber auch bedeutende Priester, Gelehrte und Künstler, Dichter vor allem. Die Bildung war ein wichtiger Faktor und das Eigentliche für die Bedeutung eines Menschen bei Hofe und in der Politik. Ein Fujiwara war es auch, der die erste japanische Poetik verfaßte: Fujiwara Kintō (966–1041), Staatsmann, Gelehrter und Dichter. Zur gleichen Zeit entstanden die frühen großen Prosa-Werke, das Ise-monogatari zum Beispiel, sogenannte Kavaliersgeschichten, köstliche kurze Prosastücke, deren Quintessenz zu Gedichten formuliert sind, und dann der erste Roman der Weltliteratur: das Genji-monogatari, die Geschichte des Prinzen Genji, geschrieben von einer Hofdame, der Murasaki Shikibu, um das Jahr tausend; beides liegt auf deutsch vor. In der bildenden Kunst kamen die Bilderrollen auf, die teils literarische, teils historische Themen aufgriffen. Gleichzeitig ging mit dieser aufs äußerste verfeinerten höfischen Kultur, unterstützt durch neue buddhistische Lehren, eine Endzeitstimmung einher, und es galt als fromme Handlung, die eigenen weitläufigen Palastanlagen in einen Tempel umzuwandeln, um sich schon im Diesseits dem Paradies zu nähern.

Kamakura-Zeit (1185–1392)

Diese Endzeitstimmung hatte aber auch einen ganz realen politischen Hintergrund, denn ein Wechsel kündigte sich an: Die Fujiwara, die Hofadligen, verloren ihre Vormachtstellung und wurden vom Kriegeradel abgelöst. Seit dem 9. Jahrhundert war es üblich, die weiteren Verwandten des Kaisers in den Untertanenstand zu versetzen; dazu gehörten die Taira und die Minamoto. Die Taira stellten viele Gouverneure in den Ostprovinzen, also in der Gegend um das heutige Tōkyō und weiter östlich. Dort saßen seit langem andere große Familien, die sich nicht immer loyal verhielten. Außerdem kam es dort durch die als Urbevölkerung bezeichneten Ainu immer wieder zu Aufständen und Rebellionen, und auch die Taira selbst blieben nicht immer ruhig. Vor allem war in den östlichen Landesteilen privater Landbesitz entstanden, der den Einfluß der Familien stärkte. Dem versuchte die Zentralregierung zu begegnen. In gewissem Maße gelang es ihr dadurch, daß sie jedem, wo auch immer, gestattete, Land in Besitz zu nehmen, wenn er es nur urbar machte. So kam es, daß auch im Westen ansässige Beamte sowie Tempel und Schreine im Osten Land erwerben konnten. Zur Niederwerfung der Rebellion aber schickte der Kaiserhof die Minamoto, und es kam zu verschiedenen Schlachten, in denen Taira no Kiyomori zunächst siegreich war. Schließlich siegte aber 1185 doch Minamoto no Yoritomo in einer großen Seeschlacht über die Taira, und er wurde 1192 zum ersten Shōgun im Sinne eines Statthalters oder Regenten ernannt. Von nun an sollte – mit geringen Unterbrechungen – bis 1868 stets ein Shōgun die eigentliche Regierung führen. Damit, das heißt durch das Bakufu oder die Shōgunatregierung, hatte der ritterliche Adel das eigentliche Sagen. Besonders in dieser ersten Periode bestimmten der Shōgun und der ritterliche Adel in gewissem Sinne auch die geistige Situation, indem in ihrem Umkreis die Zen-Schule des Buddhismus und ihre Philosophie einen neuen und entscheidenden Aufstieg erlebten.

Ihr Zentrum war Kamakura, etwa eine Stunde vom heutigen Tōkyō entfernt, das auch Sitz der Bakufu-Regierung geworden war. Hatten sich schon zur höfischen Zeit Tempelschulen gebildet, so schickten nun auch die Angehörigen des Kriegeradels ihre Söhne verstärkt in die Tempelschulen, vor allem in die der Zen-Tempel, wo sie in strenger Abgeschiedenheit sieben bis acht Jahre verbrachten; dort saßen sie während der ersten Jahre im Elementarunterricht mit den Kindern aus dem Volk zusammen.

Indessen, es war keine friedliche Zeit. Im 13. Jahrhundert versuchten die Mongolen einzufallen; sie wurden abgeschlagen. Die Unruhen aber dauerten an. Die Minamoto-Familie war sehr bald nicht mehr die herrschende. Die faktische Regierungsgewalt in Kamakura besaßen nun die Hōjō, eine Familie niederen Ranges. Doch verloren diese durch die Ashikaga, Nachkommen der Taira aus dem Osten des Reiches, bald ihren Einfluß.

Die Muromachi-Zeit (1392–1573)

Die Ashikaga selbst residierten wieder im Westen des Landes, ganz nahe bei Kyōto. Politisch waren sie nicht übermäßig erfolgreich. Die Kämpfe, Bürgerkriege und Rebellionen setzten sich fort, und schließlich fielen auch sie ihnen zum Opfer. Aber die Ashikaga hatten zwei außergewöhnliche Persönlichkeiten aufzuweisen: Ashikaga Yoshimitsu (1358–1408) und Ashikaga Yoshimasa (1436–1490), große Förderer der Künste und Wissenschaften, eng der Zen-Schule verbunden, Schöpfer bzw. Anreger herrlicher Gärten, Liebhaber des Nō-Theaters.

Ihre Ruhesitze sind in Teilen als Tempel noch erhalten, und man weiß von einer großartigen Kunstsammlung, die sie anlegten. In ihrem Stammland, nordöstlich von Tōkyō – und wahrscheinlich mit ihrer Unterstützung –, wurde Mitte des 15. Jahrhunderts die Ashikaga-Schule gegründet, die in vieler Hinsicht die Grundlagen für eine neuzeitliche Erziehung legte. Der örtliche Adel gewährte ihr Schutz, aber sonst war sie weitgehend unabhängig. Als erste Rektoren amtierten Priester aus Zen-Tempeln, die auch den Neo-Konfuzianismus als Lehre aufgenommen hatten. Sie bedeutete ihnen die Herstellung des „wahren Menschseins" durch Aufrichtigkeit, Selbsterkenntnis, Selbstkonzentration und Erforschung der Naturgeheimnisse. Um 1550, zu ihrer Blütezeit, studierten dort 3000 Studenten. Sie hatte selbst in China und sogar bei den in Japan anwesenden Missionaren einen großen Ruf.

Momoyama-Zeit (1573–1603)

In der zweiten Hälfte des 16. Jahrhunderts waren die kriegerischen Wirren, Familien-Fehden, Schlachten und oft blutig ausgehenden Intrigen noch immer nicht beendet, auch wenn sich Ende des Jahrhunderts bereits die neue Zeit ankündigte. Dokumentiert wird dies besonders auf künstlerischem Gebiet durch eine unter reichlicher Verwendung von Gold beginnende Prachtentfaltung einerseits und andererseits durch eine Ästhetik des Schlichten und Klaren. Letztere manifestiert sich vor allem in der Teekunst und ihren Bauten, jedoch ist es eine Schlichtheit, die von höchster Sensibilität und Raffinesse in ausgeklügelter ästhetischer Gestaltung bestimmt ist. Damals erhielt die Teekunst ihre bis heute gültige Gestalt, indem Reinheit, Harmonie, Stille und Erfahrung des Selbst in Kommunikation mit den anderen zu ihrem Inhalt werden. Zur selben Zeit errichteten aber auch die großen Familien ihre Burgen in einer ganz eigenartigen Architektur aus turmartig übereinandergesetzten Geschossen mit einer Vielzahl von Dächern. Dazu gehörte die Edo-Burg, auf Ruinen einer früheren Anlage wieder aufgebaut. Sie wurde zum Zentrum der neuen Regierungsstadt Edo, des späteren Tōkyō. Der jetzige Kaiserpalast befindet sich an der gleichen Stelle.

Die Auseinandersetzungen hatten – mit Abständen – mehrere Jahrhunderte gedauert; auch wenn sie nur auf einige Gegenden und Städte beschränkt geblieben waren, hatten sie schreckliche Zerstörungen hinterlassen. Erst durch das Zusammenwirken von drei großen Persönlichkeiten, von Oda Nobunaga (1534–1582), Toyotomi Hideyoshi (1536–1598) und Tokugawa Ieyasu (1542–1616), konnten sie endgültig beendet werden. Oda Nobunaga, auf der Seite des Kaisers stehend, gelang es bis zu einem gewissen Grad, die rivalisierenden Fürsten bzw. Familien unter Kontrolle zu bringen, aber er konnte es nicht vollenden, er mußte Selbstmord begehen. Sein Unterfeldherr, der aus niederem Samurai-Stand aufgestiegene Toyotomi Hideyoshi, riß die Macht an sich und versuchte verstärkt, das Einigungswerk fortzusetzen. 1590 hatte er es fast erreicht. Hideyoshi besaß sehr viel Ehrgeiz und wäre gar zu gern Shōgun geworden, doch da er nicht aus dem Haus Minamoto stammte – das war die Voraussetzung für das Shōgun-Amt –, blieb es ihm versagt. Der Kaiser ernannte ihn zum Kampaku-Regenten, zu einer Art Stellvertreter des Kaisers, und später zum Großkanzler. Es genügte ihm aber wohl doch nicht; möglich, daß er die Bestätigung seiner Macht suchte. Jedenfalls fiel er über Korea nach China ein, doch das mißlang. Hideyoshi erkrankte, und nach seinem Tod wurde das Unternehmen abgebrochen.

Hideyoshi war ein besonderer Freund der Teekunst und Schüler des großen Teemeisters Sen no Rikyū (1521–1591), was Hideyoshi nicht hinderte – wahrscheinlich aus politischen Gründen –, Rikyū zum Selbstmord zu zwingen.

Edo-Zeit (1603–1868)

Für seine Verdienste um die Befriedung des Reiches in den Ostprovinzen hatte Tokugawa Ieyasu 1590 von Hideyoshi das Kantō genannte Gebiet zum Lehen erhalten und richtete in der Edo-Burg seine Lehensverwaltung ein. Diese Gegend war schon damals nicht nur Ödland. Es gab hier Städte und 160 dicht beieinanderliegende Dörfer, die den Stadtbezirken des heutigen Tōkyō in etwa entsprechen. Damit war aber Ieyasu noch nicht zufrieden, auch er wollte mehr, und so stellte er sich gegen die Toyotomi, die Erben Hideyoshis. Erst nach deren Niederwerfung im Schloß von Ōsaka 1614/15 hielt er allein die Macht in den Händen. Damit endete die kämpferische Zeit endgültig, und die lange Friedenszeit brach an. Bereits 1603 zum Shōgun ernannt, ließ Ieyasu die Edo-Burg zum Regierungssitz ausbauen, begann von dort aus eine straffe Zentralregierung einzurichten und führte eine Ständeordnung ein: Krieger, Bauern, Handwerker und auf der untersten Stufe die Kaufleute. Zum Teil verteilte er die Lehen neu: seinen Anhängern die günstigeren, denen, die gegen ihn gestanden hatten, die weniger günstigen, aber leicht zu kontrollierenden. Geistige Grundlage bildete für vieles der Konfuzianismus. Zahlreiche Chinesen, Flüchtlinge nach dem Untergang der Ming-Dynastie, kamen nach Japan, und viele von ihnen waren an den Fürstenhöfen gerngesehene Berater. Aber auch der Buddhismus, besonders der Zen-Buddhismus, erfuhr eine Erneuerung.

Zu Anfang dieser Periode förderte man sogar den Außenhandel. Bereits im 16. Jahrhundert waren Missionare nach Japan gekommen und freundlich aufgenommen worden. Doch sie missionierten nicht nur, sondern schleppten mit unlauteren Methoden Edelmetalle aus dem Land und stifteten Unruhe. Schon Hideyoshi hatte sie mißtrauisch beobachtet und das Christentum sich nicht mehr frei entwickeln lassen. Diese Probleme verstärkten sich im Laufe der Jahrzehnte.

Unter den Nachfolgern Ieyasus kam es zur Christenverfolgung und 1637, zusammen mit einem Bauernaufstand, zum Aufstand der Christen gegen ihren Landesfürsten im Süden, der bei Shimabara blutig niedergeschlagen wurde. Das führte schließlich zur Abschließung des Reiches. Außenhandel durfte nur noch mit den Chinesen und einer holländischen Niederlassung der Ostindischen Kompanie in Deshima vor Nagasaki getrieben werden. Das Christentum wurde verboten. Weder durften Ausländer aufgenommen werden noch Japaner ins Ausland reisen. Solche Abschließungspolitik mag in mancher Hinsicht problematisch sein, sie brachte aber dem Land 250 Jahre lang Frieden und eine Hochblüte der Kultur auf breiter Basis mit zahlreichen Höhepunkten: Damals lebten der Lackmeister, Buch- und Schreibkünstler Honami Kōetsu (1558–1637), die Maler Tawaraya Sōtatsu (ca. 1600 bis 1640), Ogata Kōrin (1658–1716), der Architekt und Teemeister Kobori Enshū (1579–1647), die Kanō- und die Tosa-Schule der Malerei entstanden. Der von geschnitztem und gemaltem Dekor fast überbordende Tōshōgū-Schrein in Nikkō wurde errichtet und sein ästhetischer Gegenpol, der Katsura-Palast in Kyōto, ein Bauwerk von strenger „moderner" Schönheit. In der Literatur schuf Ihara Saikaku (1642–1693) seine großartigen realistischen und mitunter sozialkritischen Romane, und das Haiku-Kurzgedicht erlebte mit Matsuō Bashō (1644–1694) seinen Höhepunkt. Dem Theater wurden die endgültigen Formen des Bunraku-Puppenspiels und das bürgerliche Kabuki-Spiel geboren. Chikamatsu Monzaemon (1653–1724) war der große Dramatiker jener Zeit und gewiß Shakespeare ebenbürtig. Die Wissenschaft blühte. Etwas später hat ein japanischer Arzt, unabhängig von Europa, die Anästhesie erfunden. Natürlich entstand in dieser nach dem Regierungssitz Edo benannten Periode der in Europa weithin bekannte Farbholzschnitt: Modeblätter, Schauspielerportraits – die Landschaft kam erst später hinzu – und dazu Theaterszenen und Darstellungen aus den damals blühenden Freudenvierteln, die eine ganz eigene hochästhetische Kultur entwickelten.

Der Einfluß der Konfuzianer war groß. Bereits 1608 wurde einer von ihnen Erziehungsminister und gründete 1630 in Edo die „Akademie der Stille", die spätere Shōgunats-Universität. Es entstanden die Daimyatsschulen, die ständig zunahmen. Im 19. Jahrhundert waren es 270, weitere 375 Hochschulen kamen hinzu. Den Elementarunterricht übernahmen in der Hauptsache für Samurai-Kinder offizielle Bezirksschulen. Das Volk schickte seit dem 16. Jahrhundert seinen Nachwuchs in die sogenannten Tempelschulen, eigentlich kleine Privatschulen. Mitte des 19. Jahrhunderts soll es etwa 10 000 davon gegeben haben, eine auf ca. 3000 Einwohner. Unter den Schülern waren schon früh etwa ein Drittel Mädchen. Man schätzt, daß in Japan im 18. Jahrhundert die Hälfte der Männer sowie jede siebte Frau eine Schulbildung erhielten. Lesen und Schreiben konnten aber wahrscheinlich sehr viel mehr.

Die Städte wuchsen ins Unermeßliche. Edo besaß im 18. Jahrhundert über eine Million Einwohner. Das damals schon tausend Jahre alte Straßen- und Postsystem wurde weiter ausgebaut. Die Feuerwaffen, im 16. Jahrhundert eingeführt, schaffte man als eines Samurais unwürdig und grausam in ihrer Wirkung per Dekret wieder ab! Die Abschließung des Inselreiches war nicht so rigoros, daß man nicht doch wußte, was draußen vorging. Über die holländische Niederlassung konnte man Bücher beschaffen, die übersetzt wurden, wenn auch das Shōgunat die Hand darauf hielt.

Meiji-Zeit (1868–1912)

Aber 250 Jahre Frieden waren eine sehr lange Zeit. Das Shōgunat hatte sich irgendwie überlebt. Kräfte machten sich bemerkbar, die den Kaiser wieder in seine Rechte einsetzen und um keinen Preis das Reich dem Ausland öffnen wollten. Aber das war es, was das Shōgunat sich gezwungen sah zu erwägen, da sowohl vor Hokkaidō wie an der Küste der Hauptinsel sich Russen und Amerikaner bemerkbar machten. Schließlich kam es zum Ausbruch offener Unruhen, an deren Ende sowohl die Wiedereinsetzung des Kaiser stand wie auch die Öffnung des Landes, 1854 erzwungen durch martialische Drohungen der Westmächte, die mit den ersten ungleichen Verträgen von Kanagawa endeten. 1867 legte der letzte Shōgun der Tokugawa sein Amt nieder, und 1868 wurde Kaiser Mutsuhito (1852–1912) – nach seinem Tod erhielt er den Namen Meiji-tennō –, gerade sechzehn Jahre alt, wieder in die eigentlichen dynastischen Rechte eingesetzt. Er zog in Edo ein, das in Tōkyō – östliche Hauptstadt – umbenannt wurde.

Man mußte nun Wege finden, der Bedrohung durch das Ausland Herr zu werden und die Mittel derjenigen, die drohten, kennenzulernen, um sie selbst anwenden zu können. Dies konnte nur eine Reform bewerkstelligen, und sie wurde bald eingeleitet. Ihre Initiatoren kamen von den Daimyō-Schulen, sie waren kaum älter als fünfunddreißig. Dazu holte man sich 3000 Berater ins Land und schickte Delegationen und Studenten ins Ausland. Die „Fünf Prinzipien" der kaiserlichen Meiji-Reform wurden verkündet: „Es möge ein jeder Weisheit suchen in der Welt und diese beitragen zur Festigung der Kaiserlichen Regierung." Neue Gesetze wurden geschaffen, zum Teil nach preußischem Vorbild. Allerdings wurden diese nach 1945 wieder teilweise zurückgenommen, besonders in bezug auf die Stellung der Frau.

Nun trieb man die Industrialisierung kräftig voran. Der Bau der ersten Eisenbahn in Japan zwischen Tōkyō und Yokohama wurde nur eine Generation später als die erste deutsche Eisenbahn unternommen. Bereits vor dem Ersten Weltkrieg lagen die größten Schlachtschiffe der Welt auf japanischen Werften. Auch in Kunst und Literatur schaute man interessiert nach draußen, die Malerei im westlichen Stil Yōga entstand. Das alles führte gleichzeitig wieder zu einer Besinnung auf die eigenen Werte. Es sei nur an das Nihonga – Malerei im japanischen Stil, in neuen Formen, aber mit alten Techniken – erinnert oder an die Gartenkunst, wo ebenfalls im Rückgriff auf alte Formen Neues entstand.

Taishō-Ära (1913–1926) und Shōwa-Ära (seit 1927)

Doch politisch wurde ein sehr dornenvoller Weg beschritten, indem man glaubte, dem westlichen Imperialismus einen eigenen entgegensetzen zu müssen. Das führte bereits in der Meiji-Zeit zu mehreren Kriegen, erst gegen China 1894/95, dann gegen Rußland 1904/5; 1910 wurde Korea annektiert, und als Mandschurischer Zwischenfall begann 1931 ein zweiter China-Krieg. Durch militaristische und nationalistische Gruppen wurde diese Entwicklung immer weiter und auf die Spitze getrieben, was schließlich 1941 zu Pearl Harbour und zum Eintritt in den Krieg mit Amerika und England führte. Für die Bevölkerung bedeutete dies ein strenges Kontrollsystem des Staates, Hunger und Bomben. Im März 1945 wurde Tōkyō zu großen Teilen zerstört, 100 000 starben in einer Nacht. Im August 1945 fielen dann die Atombomben auf Hiroshima und Nagasaki, die all dem ein schreckliches und folgenschweres Ende setzten.

Das Ungeheuerliche der Atombombe war zunächst nicht zu begreifen, und trotzdem begann man sich sofort damit auseinanderzusetzen. Doch alle Aufzeichnungen, auch wissenschaftliche, Filmmaterial usw. wurden beschlagnahmt und in Amerika unter Verschluß gebracht. Nichtsdestoweniger versuchten die Schriftsteller, die es miterlebten, und auch solche, die gar keine Schriftsteller waren, mit Gedichten, Berichten, Aufsätzen, sich und das Geschehen begreifbar zu machen. Aber der Press Code der Besatzungsmacht verhinderte die Veröffentlichungen, oder sie durften nur gekürzt erscheinen. Erst in den frühen fünfziger Jahren wurde es möglich; Teile des Filmmaterials sind sogar erst vor wenigen Jahren zugänglich gemacht worden. Die Auseinandersetzungen gehen weiter, auch mit dem Problem der Kriegsschuld und der Kriegsverbrechen, selbst wenn das Ausland es kaum bemerkt. Ein großer Teil der Literatur aber widmet sich dem Thema, und einiges ist sogar in westlichen Sprachen erschienen.

Trotz alledem hat der Krieg, die totale Katastrophe, die Kräfte des Landes nicht zerstören können, im Gegenteil, sie sogar äußerst mobilisiert. Aber Japan ist jetzt nicht nur ein Land des High-Tech geworden, sondern auch kulturell noch immer und wieder von großer Lebendigkeit.

Heute – Kein Land der Gegensätze:

Das ist das Faszinierende an diesem Land, auch wenn es auf den ersten Blick nicht so leicht zu erkennen ist: Nichts, was einmal entstanden ist, geht wirklich unter, stets ist es greifbar und wird aufgegriffen, wenn es der Situation des einzelnen angemessen erscheint. Man lebt auf *tatami*-Matten ebenso wie im modernsten Sichtbeton, man befaßt sich mit Video-Kunst und malt mit Tusche im klassischen Stil. Man benutzt Mini-Chips und stellt in langwieriger Handarbeit besonders schönes Papier aus Pflanzenfasern her.

Tradition

Dies alles aber steht in keiner Weise zueinander im Widerspruch. Was man in Japan Tradition nennt und mit dem seit dem 19. Jahrhundert dafür benutzten Wort *dentō* bezeichnet, hat mit unserer Vorstellung vom Traditionalistischen eigentlich nichts zu tun. Denn diese *dentō* ist keine Rückwendung, sondern bedeutet vielmehr die Bindung an das, was die Menschen auf den japanischen Inseln im Laufe ihrer Geschichte geprägt und ihnen ein bestimmtes ethisches wie ästhetisches Empfinden eingegeben hat. Deshalb sind alle Dinge, die einmal entstanden sind, keinesfalls in die Vergangenheit abgesunken oder erledigt, überholt, sondern ständig mögliche Gegenwart. All das hat mit dem Verhältnis zur Geschichte zu tun, allerdings einem allgemein ostasiatischen. Denn im Gegensatz zum christlichen, linear fortschreitenden Entwicklungsgedanken erscheint hier Geschichte als ein ständig kreisendes Gegenwärtiges. Kitarō Nishida (1870–1945), einer der bedeutendsten Philosophen des modernen Japan, hat es gültig formuliert: „Wo Geschichte als in ewiger Vergangenheit ausgelöscht gedacht wird, entsteht so etwas wie die griechische Kultur, die alles zum Schatten der Ewigkeit macht. Wenn umgekehrt Geschichte als in ewige Zukunft gehend gedacht wird, entsteht so etwas wie die christliche Kultur, die alles zu einem Weg nach der Ewigkeit macht. Wenn aber Geschichte als Begrenzung im ewigen Nun gedacht wird, wo Vergangenheit wie Zukunft in der Gegenwart ausgelöscht sind, dann kommt alles daher, ohne Woher seines Kommens und geht dahin, ohne ein Wohin seines Gehens, und was ist, ist ewig, wie es ist. Ein solches Denken strömt in der Tiefe der Kultur des Ostens, in der wir groß geworden sind." In dieser Haltung ist die tiefere Begründung für die konkrete Gegenwart historischer Dinge und ihre Lebendigkeit zu suchen, die denjenigen, der zum ersten Mal mit diesem Land konfrontiert wird, oft so erstaunt. Aber es ist nicht nur das gleichberechtigte Nebeneinander der verschiedenen Dinge, auch im Menschen selbst zeigt sich Altes und Neues friedlich vereint. So gibt es hier Menschen, die sich für einen Dichter des 17. Jahrhunderts ebenso begeistern wie für einen lebenden; es gibt hier Künstler, deren Domäne die concept art ist, die aber trotzdem den feinen Tuschepinsel führen können. Zum Schreiben von modernen Gedichten benutzen manche dekorierte Papiere, wie sie einst die Hofadeligen des 12. Jahrhunderts anfertigten.

Das Manyōshū, jene schon genannte, im 8. Jahrhundert kompilierte Gedichtsammlung, ist heute noch vielen Japanern selbstverständlicher Besitz. Wen greift auch nicht das Schicksal der Dichterin Prinzessin Ōku und ihres Bruder Prinz Ōtsu ans Herz, an das jeder Japaner sich erinnert, wenn er durch die alte Manyō-Landschaft der Kernlande Yamato fährt und des Doppelgipfels des Futagami- oder Nijō-Berges, Begräbnisstätte des nach einem Aufstand hingerichteten Prinzen, ansichtig wird. Das Manyōshū-Gedicht der Prinzessin Ōku dazu lautet:

„Ach, so bleibe ich, leere Hülle der Zikade,
allein in dieser Welt!
Daß ich von morgen an
zum Futagamiyama
schaue als zu meinem Bruder."

Für den Japaner ist dies nicht etwas, das längst zu Asche und Staub zerfallen ist, etwas, was ihn nichts mehr angeht. Das menschliche Schicksal als solches, seine Tragik, seine Komik, seine interessanten Verknüpfungen beschäftigen und bewegen ihn, wann immer er ihnen begegnet, und so kann für ihn ein Ereignis, das schon mehr als tausendvierhundert Jahre zurückliegt, so interessant und anrührend sein, als sei es eine Geschichte von gestern.

Polarität und Harmonie – das „Japanische"

Japan ist also kein Land der Gegensätze, wohl aber ein Land der spannungsreichen Polarität, doch das war es schon immer, und der Reichtum und die Lebendigkeit seiner Kultur haben darin eine ihrer Wurzeln. Manches, was so gegensätzlich scheint, wie zum Beispiel die Religionen Shintō und Buddhismus, schließen sich doch nicht gegenseitig aus. Dokumentiert nicht auch die Tatsache, daß so grundverschiedene Bauwerke wie der Tōshōgū-Schrein in Nikkō und der Katsura-Palast in Kyōto, dekorüberquellend, buntgeschmückt der eine, strenge klare Linien und Flächen der andere, in ein und derselben Epoche entstanden sind, diese lebendige Polarität?

Jede Kultur entsteht aus einer Mischung von Einflüssen. In Japan ist man sich dessen vielleicht nur deutlicher bewußt als anderswo. Bewußt jedenfalls wählte man aus, man vermied die willkürliche Übernahme. Was man aufnahm aber, machte man sich vollkommen zu eigen, gab ihm ein japanisches Gesicht. Heute ist das kaum anders.

Sicher waren da immer Perioden, in denen anfänglich die Einflüsse überwogen. Auch nach dem letzten Krieg schien es zunächst so. Doch inzwischen, seit den sechziger Jahren etwa, hat man sich längst alles wieder anverwandelt, japanisiert. Das jedenfalls ist die Meinung mancher Soziologen und Volkskundler, auch die von Mitsukuni Yoshida, Professor an der Universität Kyōto: „Wir sehen im sogenannten westlichen Stil und in japanischer ‚Tradition' nicht zwei Kulturen. Sondern mit all dem, was wir aufnahmen – vor tausend und mehr Jahren aus China, dann in der Edo-Zeit aus Holland und schließlich seit dem vorigen Jahrhundert Europäisches und Westliches –, mit all dem leben wir. Wir sind nicht in zwei Kulturen zerbrochen, sondern alles ist zu einer, zu unserer Kultur geworden. Wir haben diese westlichen Dinge aufgenommen, ausgewählt, weil sie uns praktisch erscheinen, und trotzdem behalten wir unsere traditionellen Gegenstände, weil sie ebenfalls für uns praktisch und gleichzeitig schön sind. Beispielsweise ist es außerordentlich bequem, bei einem langen Flug in einem 747-Jet von Japan nach Europa, einen Kimono zu tragen. Andererseits benutzen wir alle Dinge der technischen Zivilisation und stellen sie auch her. Aber wir gehen mit ihnen anders um, sie erhalten in Japan einen gewissen japanischen Stil, eine gewisse japanische Schönheit."

Hinter Yoshidas Begriff des Praktischen steht noch ein anderer für das „Japanische" – oder die japanische Mentalität – sehr kennzeichnender Begriff: der Begriff des *raku* „bequem/leicht" für Dinge, Situationen, Verhältnisse, die besonders im Bereich des Alltags das Leben angenehm und das Notwendige leicht und bequem, eben *raku,* machen. *Raku* ist ein Vorgang, eine Entwicklung, ein gesellschaftliches Miteinander mit Freunden, das keinen Zwang auferlegt. Eine günstige Gelegenheit, etwas auszuführen, ist *raku.* Und wenn ein technisches Gerät zu diesem *raku*-Gefühl verhilft, ist es *benri,* praktisch, und man nimmt es besonders gern auf. Der Glaube, daß Techniken, nur weil sie machbar sind, auch unbedingt angewendet werden müssen, ist in Japan keineswegs vorherrschend. Man traut der Technik ja auch nicht so ganz und gar; wie lägen sonst neben elektronischen Kassen und Computern in der Bank oder im Kaufhaus zum Beispiel so häufig noch die alten Abacus? Industrie und Wirtschaft sind zwar weitgehend computerisiert, doch dort, wo Computerisierung den bürokratischen Ablauf aufblähen würde oder die menschlichen Kontakte einengen, wird möglichst darauf verzichtet. So erfolgt die Fahrkartenausgabe beispielsweise für alle großen Züge schon seit langem über die Computer, aber die Ansage in den meisten Zügen live. Man entwickelt Roboter und raffinierte Klimaanlagen, aber Privathäuser mit Zentralheizung sind noch immer selten. Sie läßt, so sagt man, nicht das richtige Wintergefühl aufkommen. „Seelenlose" Roboter und Jahreszeitengefühle, wie geht das zusammen? Es sind die beiden Pole einer Sache, die man japanische Kultur nennt, spannungsreich und lebendig in Harmonie, denn Tradition ist nicht das eine und die Gegenwart, die Technik nicht das andere. Aber viele, die Japan von draußen sehen, möchten so gern, daß es ihrem Traumbild entspricht, daß Japan quasi in seinem eigenen Museum lebt, in den Kulissen seiner Vergangenheit. Tradition, wirkliche Tradition, das japanische *dentō,* ist eben mehr als nur ein Bewahren, ein Restaurieren, es ist ein In-ihr-Leben, Mit-Ihr-Umgehen in größter Selbstverständlichkeit.

Von außen ist das nicht immer gleich zu erkennen. Wenn wir *dentō* – Tradition – nun einmal mit dem „Japanischen" übersetzen wollen, dann ist dieses „Japanische" zum Beispiel in einer erdhaften Teeschale aus Keramik nicht mehr ausgedrückt wie in einem modernen Design, ja es wird sogar noch im Computer und im Umgang mit ihm erkennbar. So ist das eigentliche Japan, das „Japanische", nicht nur in Kyōto im Pontochō-Viertel oder in einer Stadt wie Hagi zu finden, nein, gleichermaßen auch in Tōkyō, mitten im großen Getriebe, an Kenzō Tanges Olympia-Bauten, die so stark ein japanisches Architektur- und Raumgefühl ausdrücken, und sogar im neuen Hochhausviertel Shinjuku Shintoshin. In der Art, wie diese Bauten errichtet und mit Anlagen, Wasserspielen, Skulpturen, Läden und Restaurants umgeben sind und nicht nur Büros enthalten, sondern auch wiederum Restaurants, Galerien, Läden und dadurch von vormittags bis zum späten Abend voller Leben erfüllt sind, kann man genausoviel „Japanisches" entdecken wie in irgendeinem alten Stadtteil.

Dabei soll man Tōkyō nicht verkennen. Es ist keine, trotz Erdbeben und Bomben, nur moderne Stadt. Es ist eine über Jahrhunderte gewachsene Stadt, die sich ihren eigenen, intimen Charakter in großer Vielfalt erhalten hat: Eine Stadt der vielen Dörfer hat man sie genannt, auch eine Stadt mit Vorder- und Rückseite, ein Wort, das von Kenzō Tange stammt. Vorne sind die großen Straßen mit ihrem Glitzer, mit ihrem brausenden Verkehr. Dahinter aber, durch enge schmale Gassen wie abgeschirmt: die Dörfer. Hier wird es fast still, kleine Läden mit all dem, was man braucht, reihen sich aneinander. An den Wohnhäusern rankt sich Grün bis an die Dachtraufe, liebevoll gepflegt. Ein kleiner Schrein steht da, die Nachbarn kennen sich alle. Oft endet eine solche Ladenstraße in einer kleinen Allee. Sie führt auf einen Tempel zu, umstanden von alten Bäumen, Kinder spielen; es gibt einen Kindergarten – vom Tempel unterhalten –, einige *tori'i*-Tore, Steinlaternen, vielleicht auch einen steinernen Jizō-Heiligen.

Wie viele solcher alten Plätze mit Tempel und Schreinen sind noch erhalten! Selbst da, wo es keine alten Bauten mehr gibt, ist von der „dörflichen" Atmosphäre des alten Edo noch so viel spürbar, entstanden aus der spontanen Initiative einzelner, jener Spontaneität, die Freiräume schafft, die wichtig sind für das Überleben des Menschen wie des Gemeinwesens einer großen Stadt.

Gesellschaft und Individuum

Freiräume ist auch für das Leben des einzelnen ein wichtiges Stichwort, wie es wichtig ist für das Zusammenleben der japanischen Gesellschaft überhaupt. Es sind Freiräume, in denen der einzelne ganz sich selbst lebt in individueller Entscheidung. Das hat dem Japaner im Westen mitunter den Ruf eingetragen, unnahbar zu sein, kein Mitleid zu besitzen. Doch unter dem Aspekt des Freiraumbedürfnisses, das man auch dem anderen zugesteht, sieht das ganz anders aus. Zum Beispiel: Aufgrund des schon durch das Zusammenleben auf einer Insel enger geknüpften Beziehungsnetzes, denkt man sehr rasch an die Zeit nach einem akuten Ereignis. Durch Hilfe und Bedauern würde man den Hilfsbedürftigen sich verpflichten. Das ruft für diesen wieder eine Kette von Unbequemlichkeiten hervor. Das Netz des *giri,* der Dankesschuld und Verpflichtung, würde sich knüpfen, und es würde zu einer endlosen Angelegenheit.

Aber das bedeutet nicht, daß spontane Hilfeleistung verweigert würde. Dazu ein Beispiel: In einem U-Bahnhof stolpert eine Mutter mit ihrem Kind und stürzt. Sofort sind drei, vier junge Mädchen zur Stelle, heben Kind und Mutter auf, fragen, ob alles in Ordnung sei, die Mutter nickt, die Mädchen gehen. Die Sache ist erledigt, kein Mensch starrt sie an, es entsteht kein Auflauf. Auch gibt es in Japan so viele öffentliche Einrichtungen für Behinderte, die frei und ohne Aufsehen benutzt werden können, wie kaum sonstwo: Blindenschrift an den Fahrkartenautomaten, überall akustische Verkehrssignale, Leitlinien für Blinde auf den Bahnsteigen, spezielle Toiletten für Rollstuhlfahrer in fast jedem öffentlichen Gebäude, allenthalben schiefe Ebenen usw., die unübersehbar Hilfsbereitschaft dokumentieren. Ein ernsteres Beispiel zeigt darüber hinaus deutlich, wie man den Freiraum des anderen respektiert: Auf der Straße läuft plötzlich ein junges Mädchen zwischen parkenden Autos hervor und wirft sich vor einen vorbeifahrenden Wagen. Dieser kann noch rechtzeitig bremsen, es passiert nichts. Ein paar Leute eilen herzu, heben das Mädchen auf, führen es an den Straßenrand und lassen es dann allein. Eine zufällig vorbeikommende Europäerin empört sich: Wie mitleidlos, wie grausam, so ihre Äußerung. Sie bedachte nicht, daß diese Passanten wohl gewillt waren, die offensichtlich notwendige Hilfe zu leisten, daß sie im übrigen aber den Entschluß des Mädchens respektierten. Denn man drängt sich nicht in die seelischen Probleme eines Fremden. Diese beiden Beispiele zeigen deutlich, daß inneres – und äußeres – Abstandhalten ein sehr wichtiges Moment im japanischen Zusammenleben ist. Es hat den Anschein, als wäre jeder einzelne umgeben von einer eigenen Welt, die man sich gegenseitig nicht gern stört. Trotzdem sieht es nicht so aus, als seien alle diese Menschen einsam. Im Gegenteil: Zwischen ihnen besteht ein enges Netz von Beziehungen, so daß wiederum eine Gemeinsamkeit entsteht. Oberflächliche Beobachter haben dies oft als „Mangel an Individualität" bezeichnet, und auch Japaner selbst sprechen manchmal davon. Daß so einfach davon nicht die Rede sein kann, ist selbstverständlich. Die Vielfältigkeit der Sprache und der religiösen Anschauungen zum Beispiel zeigen es anders. So ist das Ich, das Individuum, für den Japaner nicht etwas, was einfach da ist, sondern es bedarf – ähnlich wie im Bereich des buddhistisch Religiösen, der Suche des einzelnen als einzelner nach Erkenntnis, Erleuchtung – eines ständigen Prozesses im zwischenmenschlichen Bereich.

Das Entscheidende dazu hat der Psychologe Bin Kimura, Professor an der Staatlichen Universität Kyōto, formuliert. Nur einige seiner Überlegungen sollen hier referiert werden: Da man im Abendland das Ich und das Du als zwei für sich Existierende betrachtet, gibt es sprachlich für sie jeweils nur ein Pronomen. Diese aber sind so unmittelbar nicht ins Japanische zu übersetzen, denn es gibt im Japanischen, dem Du und dem Ich äquivalent, „eine Menge Pronomina für jede einzelne Person", die entsprechend der mitmenschlichen Situation angewendet werden. Das heißt, man verwendet ein anderes in der Öffentlichkeit als in der Familie, beim Sprechen ein anderes als beim Schreiben usw. Das heißt aber auch: Das Ich ist kein Erzeuger, kein Hersteller der Situation, sondern umgekehrt: Es läßt sich von der Situation erzeugen. Dazu paßt das Wort des großen Zen-Philosophen Dōgen (1200–1253): „Nicht beweise ich die Dinge, es kommen die Dinge, mich zu beweisen." Aber auch das bedeutet noch nicht, daß der Japaner kein Ich, kein Selbstbewußtsein, keine Individualität besäße. Kimura meint sogar, daß diese Art des Ich-Verhältnisses das Eigentliche sei, das durch die westlichen Sprachen nur verdeckt würde. Das, was ich bin, liegt „nicht in mir selbst, sondern immer außerhalb von mir, in der Mitwelt." Wieder verdeutlicht es die Sprache: Das japanische Wort für Mensch ist *ningen.* Zwar bedeutet *nin* schon allein Mensch und *gen* das Dazwischen, verstanden weniger räumlich als zeitlich, gedanklich. Im Chinesischen hießen diese beiden Schriftzeichen ursprünglich „Menschenwelt", wurden von den Japanern bei der Übernahme jedoch als „Mensch" verstanden. Es bedeutet aber auch nicht das abendländische „Miteinander", indem der Mensch, um dem anderen zu begegnen, aus sich heraustritt. Im Bereich des *ningen* ist es quasi umgekehrt: Das *ningen* ist schon ursprünglich das „Zwischen sich selbst und dem anderen Seienden". Das heißt der Mensch muß aus dem Zwischenbereich heraus zu sich selbst kommen; die mitmenschliche Begegnung ist ein Zu-sich-selbst-Kommen. Bei dem Gegenüber vollzieht sich das gleiche, nur nicht für ihn selbst, sondern für den anderen. Er wird zum, dem anderen begegnenden, Du.

Beiden ist das ursprüngliche „zwischen – *gen*" gemeinsam. Solche Überlegungen haben sich bereits auch in westlicher Psychologie etabliert, wenn zum Beispiel Kornfeld sagt: „Nur wo Gemeinschaft möglich ist, ist ein Selbst möglich" und damit einen ähnlichen zwischenmenschlichen Begriff wie *ningen* entwickelt. Dieses Zwischensein ist aber kein Abstraktum, sondern etwas, was mit „Atmosphäre" wiedergegeben werden kann. Im Japanischen drückt sich dies im *ki* und dann auch im heute schon von vielen westlichen Autoren ebenfalls benutzten *kimochi* aus. Ursprünglich bedeutete es „Atem", im chinesischen Altertum im Sinne von „Ursprung des Weltalls", dem im Japanischen ein zwischenmenschlich Atmosphärisches hinzugefügt wurde, ein Gestimmtsein, nicht im Einzelnen, sondern aus einem gemeinsamen Grund. Deshalb übersetzt Kimura dieses *„ki-mochi"* mit „Teilhaben am *ki*". Kranksein heißt *byō-ki,* d.h. krankes *ki,* und verrückt *ki-chigai,* „Anderssein des *ki*".

Das *ki* ist also ein überindividuell Atmosphärisches, sozusagen die Atemsphäre; und auf diese ist der Mensch bezogen, gewinnt sich stets aus dem Überindividuellen zurück und bestimmt somit die jeweilige Seinsweise des eigenen Selbst. So konstituiert sich die individuelle Geschichtlichkeit des Menschen in der japanischen Auffassung als das „menschliche Dazwischensein", in dem der einzelne zu sich selbst kommt. In westlicher Perspektive manifestiert sich das Individuum hier also nicht als eine Persönlichkeit, die sich gegen andere oder auch gegen eine Situation durchzusetzen trachtet, sondern sie steht immer in Beziehung zu einem Du, einem Gegenüber, und in diesem Sinne besitzt es sein Ich. Diese grundsätzlichen Gedankengänge können der Schlüssel für vieles sein, so zum Beispiel auch für das Gruppenwesen, das die japanische Gesellschaft bestimmt und über das bei uns schon so vieles, auch Mißverständliches, geschrieben wurde.

Chie Nakane, Professorin em. für Sozial-Anthropologie der Tōdai-Universität in Tōkyō, hat es in ihrem Buch „Die menschlichen Verbindungen in der vertikalen Gesellschaft" (deutsche Ausgabe: „Die japanische Gesellschaft") sehr eindrucksvoll beschrieben und dieses Gruppenwesen auch dem Westen begreifbar zu machen versucht. Bis zu einem gewissen Grad schließt sie unmittelbar an das an, was Kimura sagte, und konkretisiert es, wenn sie schreibt: „Als das charakteristische Merkmal der japanischen Gesellschaft erscheint die Bindung einzelner innerhalb der sozialen Beziehungen: Ein Individuum hat stets eine einzelne, bestimmte Beziehung zu einem oder einer anderen, das ist das, was ich das vertikale Prinzip nenne, das im Gegensatz steht zur Kasten- oder Klassengesellschaft." Nach Chie Nakane wird die japanische Gruppengesellschaft des weiteren durch zwei Begriffe gekennzeichnet, die sie Attribut und Rahmen nennt: Attribut bezieht sich auf die berufsabhängige Stellung wie Professor, Angestellter, Metallarbeiter, während der Rahmen – in der japanischen Ausgabe benutzt sie deutlicher *ba* „Ort" – eine bestimmte Universität, eine bestimmte Firma, ein Dorf oder einen Stadtteil darstellt: „Ein Japaner sagt, wenn er sich vorstellt, nicht: ‚Ich bin Setzer' oder ‚Ich bin Sachbearbeiter', sondern ‚Ich gehöre zur B-Verlagsgruppe' oder ‚Ich gehöre zur S-Firma', und daraus geht nicht hervor, ob er ein höherer Angestellter oder Chauffeur ist."

Die vertikale Gruppe wird gebildet durch einen Oberen und einen Unteren – sprich Älteren und Jüngeren – unter Bedingungen des gleichen Rahmens, aber verschiedener Attribute. Dies ist wohl im gewissen Sinne eine hierarchische Ordnung, aber da sie aus heterogenen Elementen besteht, greift sie nicht auf die Masse über. Beispiele sind dafür die japanischen Gewerkschaften, die auf eine Firma bezogen sind und Arbeiter, Ingenieure, Angestellte in gleicher Weise umfassen. Für das Rangsystem einer solchen vertikalen Gruppe ist weder Geburt, Familie noch Fähigkeit oder Leistung ausschlaggebend, sondern in erster Linie das Alter, das Datum des Eintritts in die Gruppe. Diese „Altersordnung" wird in den üblichen Anreden deutlich: Der Senior, der die höchste Stufe einnimmt, ist der *sempai* und wird auch mit *sensei* „Lehrer" angeredet. Dabei heißen die Schriftzeichen *sempai* nichts weiter als der „zuerstgeborene Genosse". Ihm folgt der *kōhai,* der „spätere Genosse", der jüngere also, der vom *sempai* mit *kun* angeredet wird, eine familiäre Form für Herr, fast ein Du, während sich die Kollegen *doryō* „gleiche Beamte" mit dem allgemeineren *san* für „Herr" (oder „Frau") anreden.

Die Anerkennung der Verdienste ist in einem solchen System weniger entwickelt, da es von der Seniorität bestimmt ist und man davon ausgeht, daß jeder, der in den gleichen Dienst tritt, die gleichen Fähigkeiten besitzt. Dieses Verhältnis von *sempai* und *kōhai* ist ein lebenslanges Verhältnis, in dem ganz persönlich der eine für den anderen zu Hilfe und Beistand bereit ist. Das bedeutet zum Beispiel, daß ein Universitätslehrer stets für seine Schüler da sein muß, auch privat. Der Student bringt seine persönlichen Sorgen zu ihm, besucht ihn zu langen Gesprächen in seiner Wohnung. Doch kann dann auch der Lehrer auf seine Hilfe rechnen. Die Harmonie einer solchen Gruppe wird dadurch gewahrt, daß die Jüngeren in der Regel die offene Konfrontation mit dem Älteren meiden. Allerdings läßt es auch der Ältere kaum zur Kontroverse kommen. Man schart sich um seine Persönlichkeit. Dabei kann es allerdings geschehen, daß eine solche Persönlichkeit, ein *sensei,* kraft seiner Autorität, nicht etwa aufgrund seines äußeren Ranges, doch manchmal seinen Willen, und zwar gegen alle, durchsetzen kann; der „Führende" in einer solchen Gruppe ist durchaus nicht immer der nominelle Chef. So entstehen auch Spaltungen und Splittergruppen durch Loslösungen der Jungen von den Alten, denn das Generationsphänomen in einer solchen Gruppe ist äußerst entscheidend. Innerhalb eines „Rahmens" oder „Ortes" werden immer die Angehörigen einer Generation zusammenhalten. So gibt es durchaus Frontstellungen der Jungen gegen die Alten. Die Studentenunruhen, nicht erst die aus den sechziger Jahren dieses Jahrhunderts, sondern bereits aus den zwanzigern, sind spektakuläre Beispiele dafür. Andererseits sind wirkliche Freundschaften nur zwischen Angehörigen gleicher Generation möglich: Beruf, Stellung spielen dabei keine Rolle. Aber es sind dann Freundschaften fürs Leben, die ganz unterschiedliche Menschen verbinden. In früherer Zeit gab es sogar regelrechte Männer- und Mädchenbünde, besonders in dörflichen Gemeinschaften.

Diese Beziehungsverhältnisse gelten für Künstlergruppen genauso wie für politische Parteien. Deshalb sind Faktionsbildungen im japanischen Parlament typisch für das japanische Gruppenverhalten. Daraus wird auch klar, daß es wohl niemals zu einer politischen Koalition kommen wird. Wirtschaftliche Zusammenschlüsse funktionieren auch nur, wenn sich die einzelnen Gruppen nicht stören. Gleiches gilt für übergreifende wissenschaftliche Gremien. Teamwork ist nicht als Zusammenarbeit der besten, sondern nur in der gewachsenen Gruppe möglich, die – um der Harmonie willen – die polarsten Kräfte in sich vereinigt.

Die Wurzel für das Gruppenbewußtsein ist das *i'e* oder *uchi,* das „Haus", das aber über die engere Familie, den Haushalt weit hinausreicht und das auch heute, trotz rechtlicher Veränderungen, als fundamentale soziale Struktur vorhanden ist. Dieses *i'e* ist jedoch nicht das Haus des etwa autoritären Familienvorstandes, sondern einer kooperativen Gemeinschaft, die durch den gemeinsamen „Rahmen" oder „Ort" etabliert ist. In diesem Zusammenhang ist die eingeheiratete Schwiegertochter wichtiger als die durch Einheirat in einen anderen Verband ausgeschiedenen Geschwister. Es ist auch möglich, daß – in einer Firma, einer Werkstatt – ein Außenstehender Erbe wird, wenn der älteste Sohn sich nicht eignet, wie auch die Familie den Namen der Frau weiterführen kann, wenn ihre Familie auszusterben droht. Die blutsverwandtschaftlichen Beziehungen werden in Japan ersetzt durch persönliche Beziehungen einer durch den „Rahmen" gegebenen Gruppe, heute – nach Familie, Nachbarschaft, Werkstatt – vielfach auch durch die Firma. Diese Firma kann dann zu einer Art Familie werden, einer Union, in der Arbeit und das Management in der sogenannten Management-Arbeit-Harmonie inkorporiert sind. Auf dieser Ebene besteht das traditionelle Konzept des *i'e* fort als das einer Gruppe, deren Aktionen auf ein gemeinsames Ziel abgestimmt sind. Die Autonomie des einzelnen ist gering. Manche rebellieren gegen diese Einschränkung, die meisten aber fühlen sich in einer solchen Gruppengemeinschaft sicher aufgehoben. Das bedeutet jedoch auch, daß „ein Direktor zwar Macht besitzt, aber seine Autorität viel weniger real ist als die seines europäischen Gegenstücks. Ein japanischer Chef kann seine Pläne nicht so ausführen, wie er möchte, sondern er muß die Meinung seiner Mitarbeiter akzeptieren, selbst wenn sie der seinen entgegensteht...; er hat als Angelpunkt der menschlichen Beziehungen zu dienen und Frieden zu halten. Die Gruppe ist eine Gemeinschaft und jedermanns Gruppe, nicht eine persönliche Anhängerschaft."

Ein Regelsystem für das Funktionieren einer solchen Gruppe, ob Familie oder Firma, gibt es nicht. Die Realitäten geben den Ausschlag für das Handeln. Diese Haltung macht es allerdings erforderlich, daß jedes Problem, auch das trivialste, in ausgedehnten Meetings durchgesprochen werden muß. Erst wenn Einstimmigkeit erreicht ist, wird entschieden. Die Macht besitzt die ganze Gruppe, „eine Macht, die Verhalten und Gedanken eines jeden Mitglieds, einschließlich des Haushaltungsvorstandes oder des Leitenden selbst, einschränkt". Deren Inhalt ist es, daß sich alle dem Wunsch aller, die Harmonie der Gruppe nicht zu stören, unterzuordnen haben.

In diesem Sinne funktioniert die japanische Firma wie eine „Familie", die aber mit einer westlichen Familie nicht so ohne weiteres gleichzusetzen ist. Die Basis bildet das nach dem Ersten Weltkrieg entwickelte Lebenslang-Beschäftigungs-System, das sowohl Loyalität des Beschäftigten wie Sorgepflicht der Firma für die Beschäftigten und ihre Angehörigen mit einschließt, ausdrückt in Krankenversorgung, Werkswohnung, Erholungszentren, Geldgeschenken bei Heirat, Geburt, Tod und vielem ähnlichen. Durch die moderne Entwicklung, wohl auch durch die Internationalisierung der japanischen Wirtschaft, scheinen sich einige Änderungen anzukündigen, indem da und dort das Lebenslang-Beschäftigungsprinzip nicht mehr durchgehalten werden kann. Doch wird sich die Grundhaltung dadurch nur wenig ändern. Der Ausbildungsgang ist in der Regel nicht streng berufsbezogen. Das spezielle Training findet erst am Arbeitsplatz statt; dieser, die Maschinen usw., werden entsprechend den körperlichen Möglichkeiten und Wünschen des Arbeitenden eingerichtet. Aufgenommen von der großen „Familie" der Firma, reagiert der Arbeitende mit einem Verantwortungsbewußtsein für das Ganze. Darüber hinaus gibt es durch das Senioritätsprinzip innerhalb einer bestimmten Gruppe – natürlich nicht der ganzen Firma – kein klar definiertes Rollensystem. Der Arbeitsplatz ist entsprechend den technischen Möglichkeiten und Erfordernissen austauschbar, und man ist daran gewöhnt, hintereinander eine Vielfalt von Arbeiten zu tun. Alle wirken dabei zusammen, ohne den Schwächeren oder Unfähigen zu überrunden, vielmehr nehmen sie ihn mit, auch wenn dadurch Verzögerungen eintreten sollten. Denn die Basis dieser Gruppe ist nicht die gestellte Aufgabe, sondern es sind die menschlichen Beziehungen. „Dadurch wird die Steifheit der Rangordnung ausgeglichen, das heißt: durch die Elastizität der individuellen Rolle in Aktion. Hier hat das Individuum den Vorteil großer Handlungsfreiheit." Wenn zum Beispiel an Y in einer Gruppe plötzlich besondere Anforderungen gestellt werden, wird in einer rollendefinierten Gruppe diese Arbeit drei Tage dauern und Y einem besonderen Streß aussetzen. In einer Gruppe mit austauschbaren Rollen aber, werden X und Z ebenfalls die Rolle von Y übernehmen, ohne daß dieser etwas dagegen hätte, und die gleiche schwierige Arbeit wird in einem Tag erledigt sein. Auf dieser Basis sind weitgehende Rationalisierung und Senkung der Produktionskosten möglich, die wohl zum mindesten einen Teil der industriellen Erfolge Japans erklären dürften. Dieses auf nicht-sachlichen, nicht-rationalen Beziehungen aufbauende Gruppensystem, aus dem sich die japanische Gesellschaft formiert, macht es für den Ausländer schwierig, sich in der japanischen Gesellschaftsszene zurechtzufinden, und er empfindet sie oft als abweisend.

Wohl wird er stets mit großer Gastfreundschaft behandelt, aber eine aktive Teilnahme wird ihm nur selten gestattet. Denn die Furcht, daß ein verständnisloser Eindringling die Gruppe stören könnte, ist groß. Aus dem oben Geschilderten müßte eigentlich schon deutlich geworden sein, daß in einer solchen, auf zwischenmenschlichen Beziehungen besonderer Art beruhenden „Gruppengesellschaft" eine politische Ideologie kaum Chancen hat, beherrschend zu wirken. Auch in der Politik spielen die realen, konkreten Verhältnisse die entscheidende Rolle, und Pragmatismus hat hier vorrangige Bedeutung. Man strebt das Machbare, das Notwendige an, das Staat und Nation am Leben hält. Wenn im Abendland einmal das Wort vom Menschen als dem Maß aller Dinge geprägt wurde, so kann man es auch auf die japanische Geisteshaltung anwenden, nur in einem anderen Sinne, nämlich: Das, was den Menschen möglich ist, ist das Maß allen Handelns. Die alten Chinesen nannten es den Mittleren Weg. Dieser Unterschied zum Westen ist den Japanern durchaus bewußt, wurde ihnen sogar deutlich bewußt, als sie im vorigen Jahrhundert mit westlichem Gedankengut konfrontiert wurden. Kakuzo Okakura, Verfasser des berühmten „Buches vom Tee", gab es uns Europäern recht deutlich zu verstehen: „Wir hielten euch für die unpraktischsten Menschen der Welt, von denen man sagte, daß sie Lehren predigen, die sie selbst nicht befolgten." Eine herbe Kritik, die aber auch das japanische Ideologie-Verständnis beleuchtet.

Japanische Impressionen – mag manches uns vertraut erscheinen, ist manches doch so anders in diesem Land, als wir es gewohnt sind. Man hält dort Dinge für erstrebenswert, die wir ablehnen würden, und man lehnt Dinge ab, die uns wünschenswert erscheinen. Irgendein früher Reisender hat einmal gesagt: In Japan geht alles anders herum, und sogar aufs Pferd steigt man von der anderen Seite, nur beim Reiten galoppiert man vorwärts!

Man kommt also doch ans Ziel, wenn auch auf andere Weise. Aber dies gerade macht das Land der Aufgehenden Sonne so faszinierend, mitunter aufregend, mag die Verständigung auch manchmal schwierig sein. Doch wären alle Länder, alle Völker gleich, wie langweilig wäre die Welt.

Natur

自然

Noch ist der Himmel klar, nur ein paar Nebelfetzen ziehen ganz oben um den Gipfel des Berges. Er steigt ziemlich steil auf, schon nach ein paar Metern ist von einem Weg kaum noch etwas zu bemerken. Asche mischt sich mit Lavageröll, Felsbrocken liegen umher, Pflanzen wachsen nur spärlich – eine Landschaft wie mit Tusche gemalt, Weiß, Grau, Schwarz herrschen vor. Schluchten und benachbarte Gipfel fügen ein Blaugrau hinzu. Der Anstieg wird immer steiler, das Geröll rutscht unter den Füßen weg, man muß die Hände zu Hilfe nehmen. Auf halbem Weg geben die europäischen Beine auf. Wir setzen uns auf einen Stein, warten, bis die japanischen Freunde, die hurtig weiter nach oben klettern, wieder zurück sein werden, schauen, beobachten. Es ist nicht der Fuji-san, der höchste und heilige Berg Japans, der uns Fremden gebieterisch den Gipfel verweigert. Es ist einer der vielen anderen Vulkane des Inselbogens, etwas nördlich von Tōkyō, einer von fünf einer ganzen Kette, berühmt für ihre grandiosen Ausblicke über die Kantō-Ebene und ihre heißen Mineralquellen. Die Nebelfetzen verdichten sich. Es werden Dämpfe sein, aufgestiegen aus dem brodelnden Inneren des Berges – und die Landschaft gleicht immer mehr einem Tuschbild.

Während wir so sitzen und schauen, strömt es an uns vorüber, leichtfüßig fast und ohne Beschwer. Der Blick in den Krater, der heilige Schauer, der sie erwartet, zieht sie alle nach oben, läßt sie aber auch ebenso leichtfüßig wieder absteigen: einzelne Wanderer, Paare, auch ganze Familien mit Großmutter, die Enkel auf dem Rücken und an der Hand. Sie stammen nicht alle vom Land oder vom Gebirge, wo sie schwierigen Boden gewöhnt wären. Man sieht ihnen an, daß sie – wahrscheinlich sogar die meisten – aus den Städten kamen, aus Tōkyō gewiß, aus Yokohama und noch weiter westlich vielleicht. Sie scheinen, ihre Füße, ihr ganzer Körper, mit dem Boden, mit dem Geröll, dem ganzen Berg eins zu sein, mit großer Sicherheit. Ihr Körper paßt sich der Neigung des Berges an, sie gehen, als befänden sie sich auf ebener Straße – Einheit von Natur und Mensch, ganze Natur, von der der Mensch ein Teil ist. Wir staunen, denn wie sehr suchen wir immer mit ihr zu kämpfen, die Natur zu beherrschen und rutschen dann ständig aus. Selten wurde uns das so deutlich wie dort, als wir uns auf halber Höhe zum Vulkangipfel die schmerzenden europäischen Beine rieben.

Das Gefühl des Eingeordnetseins in die Natur, das ist ein wesentliches Merkmal des ostasiatischen Menschen, des Chinesen wie des Japaners; er verzichtet gern darauf, als die Krone einer Schöpfung zu gelten. Auch wenn die Natur drohend, fordernd und gefährlich ist – wie oft bebt die Erde unter den Füßen, wie oft fegen Wirbelstürme über das Inselreich hinweg –, auch dem gehören sie zu, es ist ein Teil von ihnen selbst, Zeichen der Vergänglichkeit, die alle existierenden Dinge relativ und eigentlich unwichtig erscheinen läßt. Katastrophen sind schlimm, Bergrutsche kommen oft vor, verschütten die Häuser am Hang. So gibt man sie auf, flüchtet hinauf auf die Berge, und haben Schlamm und Wasser sich verlaufen, baut man sie wieder auf. Was bedeutet es schon – der Mensch ist klein in der Natur und trotz allem in ihr geborgen, an seinem sicheren, richtigen Platz, wie das Blatt am Baum, die Quelle am Fels und die Grille im Gras, wenn auch mit allen Gefährdungen, wie das Schicksal sie jedem zumißt, Mensch, Tier, Pflanze unterscheiden sich da nicht. Ein buddhistischer Priester unserer Tage, er heißt Kōmei Kondō, lebt in Tōkyō und ist auch ein Maler mystisch glühender Blüten, hat dies sehr eindringlich formuliert: „Im buddhistischen Denken befinden sich Menschen, Tiere und Pflanzen auf einer Ebene, es gibt keinen Unterschied. Menschen und Pflanzen fühlen das gleiche, Blumen und Menschen erreichen einen Höhepunkt der Schönheit, Blumen und Menschen erreichen auch einen Höhepunkt des Verwelkens, Menschen und Pflanzen kehren zur Erde zurück, aber zur ewigen Wiedergeburt ... da Buddha in allem ist, gibt es keinen Unterschied, nichts Erhabenes, nichts als eine in Gleichheit harmonische Welt ..."

Im Shintō, im Glauben an den „Weg der Götter", erscheint es etwas anders, doch das Erhabene ist auch hier nicht außerhalb der Natur. Man verehrt es im Wasserfall, im Berg, im mächtigen Baum und im Felsen als dem Ort der Herabkunft der Gottheit. In der Natur hat sie sich manifestiert als die lebenspendende Kraft auch für den Menschen, der so durch sie in die Natur miteinbezogen ist und teilhat an ihrem Wirken. Auch wenn die Natur sich hier und da als heilig erweist, schließt sie den Menschen also nicht aus. Diese Vorstellungen mischen sich alle, Taoistisches kommt noch hinzu. Hier in Japan ist die Natur erhaben und menschennah zugleich. So war in Ostasien die Landschaft schon sehr früh, viel früher als in Europa, auch ein bevorzugtes Thema der Kunst, der Malerei vor allem, und da besonders der Tuschmalerei: hochaufragende Berge, knorrige Bäume, ein sich windender Pfad, den ein Pilger beschreitet, ein Holzsammler vielleicht auch. Sesshū (1420–1506), einer der berühmtesten japanischen Maler, ja der Tuschmalerei überhaupt, hat eine ganze Reihe solcher Bilder gemalt. Da ist die Winterlandschaft, sie gehört zu einem Zyklus der Jahreszeiten: Berge steigen auf in der Ferne, halbverdeckt von einer mächtigen, im Nebel sich verlierenden Felswand. Darunter erkennt man ein paar Tempelbauten, keineswegs geduckt. In „menschlichen Dimensionen" antworten sie den Konturen der Berge. Im vorderen Mittelgrund führt eine Treppe zum Tempel hinauf. Auf ihr erscheint eine menschliche Gestalt, skizzenhaft, gerade nur in den Umrissen gegeben, wie Baum und Fels. Sie ist wie ein Führer, der die Blicke des Betrachters in das Bild hineingeleitet, selbst aber dominiert sie nicht. Sie ist nur ein Teil des Ganzen in den wirklichen Dimensionen, weit mehr als nur eine Staffage.

In einem japanischen Zimmer hängt ein solches Bild gerade etwa dreißig Zentimeter über dem Boden in einer dafür eigens eingerichteten Schmucknische. Vor ihm auf dem Boden sitzend, wie es üblich ist, spürt man, wie der Blick hineingezogen wird, denn der Bildaufbau ist ganz darauf angelegt, aus dieser Perspektive betrachtet zu werden. In der unteren linken Ecke bietet ein Fels, ein Baum einen konkreten „Einstieg", der direkt auf den diagonal geführten Weg hinlenkt, und man beginnt die Treppenstufen mit den Augen hinaufzugehen, in die Landschaft hinein, man wandert hinein, ganz konkret, gemeinsam mit der Gestalt des Wanderers, die für uns stellvertretend sichtbar ist. So ist man mitten unter Fels und Baum; gemalte Landschaft und reale Natur werden eins. Der Betrachter vereinigt sie in sich selbst, um sie wieder nach außen zu geben. Doch so einfach, wie es hier scheint, ist es nicht, und nicht für alle gleich; eine mystische Einswerdung leistet das nicht. Die Lehre des Zen-Priesters Musō-Kokushi weist aber den Weg. Musō-Kokushi, er lebte von 1275 bis 1351, war Oberster Priester verschiedener Tempel, bedeutender Gartengestalter und Verfasser wichtiger Lehrschriften. Im Muchū-Mondō, einem seiner Hauptwerke, legt er strenge Maßstäbe an. Er nimmt dort als Beispiel den chinesischen Dichter Po Chü-i: „Po Chü-i grub einen kleinen Teich aus, pflanzte an seinem Rande Bambus an und liebte diesen über alles. Der Bambus ist mein Freund, sagte er, weil sein Herz leer ist, und da das Wasser reinen Wesens ist, ist es mein Meister. Menschen, die eine schöne Landschaft aus dem Grunde ihres Herzens lieben, besitzen ein Herz wie Po Chü-i und vermengen sich daher nicht mit dem ‚gemeinen Staub'... Es gibt unter ihnen solche, die ihrem Wesen nach rein und schlicht sind, den Staub der Welt nicht schätzen, nur Gedichte rezitieren, an Quellen und Steinen Flöte spielen und so ihr Herz nähren... Man muß sie die Liebenswerten dieser Erde nennen. Sind sie freilich ohne tiefes Wahrheitsstreben, so ist eben dies der Grund zu ständiger Wiedergeburt. Es gibt nun aber auch Menschen, bei denen der Anblick von Berg und Wasser die Schläfrigkeit vertreibt, die Einsamkeit tröstet und ihr Streben nach Wahrheit unterstützt. Hierin unterscheiden sie sich von der Liebe der allermeisten zur Landschaft. Es muß dies wahrhaft verehrungswürdig genannt werden. Doch da sie noch immer einen Unterschied zwischen der Landschaft und ihrem Wahrheitswege machen, kann man sie nicht die eigentlichen Wahrheitssucher nennen. Solche hingegen, welche Berge, Flüsse, die große Erde, Gräser, Bäume und Steine als ihr eigenes Wesen empfinden, scheinen zwar durch ihre Liebe zur Natur weltlichen Gefühlen verhaftet, doch offenbart sich in Wirklichkeit eben hierin ihr echtes Wahrheitsstreben... So sind sie Musterbeispiele dafür, daß echte Wahrheitssucher die Landschaft lieben..."

Aber warum soll diese Liebe nicht auch ästhetischer Natur sein? Drei Landschaften ihres Inselreiches lieben die Japaner seit alter Zeit am meisten, haben sie als die Sankei zu den drei schönsten ihrer Inseln erklärt. Als erstes die Kieferninsel von Matsushima bei Sendai im nördlichen Teil der Hauptinsel: Windzerzauste Kiefern, eine oft nur oder zwei, klammern sich fest mit ihren Wurzeln auf der schneeweißen Kreide oder im goldgelben Sand von Myriaden kleiner Inseln, die aufsteigen aus einem tiefblauen Meer: „Die Kiefern stehen in kräftigem Grün, ihre Äste vom Salzwind gekrümmt und doch, als hätten sie sich so von selber geneigt. Ein Anblick, unergründlich wie das geschminkte Antlitz einer Schönen. Ach, mir scheint, diese Landschaft hat einst im Zeitalter der Götter der Beherrscher der Berge hervorgebracht, und kein Mensch wird je imstande sein, den Pinsel schwingend solch von Göttern geschaffenes Werk mit Worten ganz zu beschreiben." So hat Bashō, der große *haiku*-Dichter des 17. Jahrhunderts, im Angesicht dieser Landschaft gedichtet. Dann Miyajima, die Insel des Itsukushima-Schreins, nicht weit von Hiroshima: Nähert man sich ihr mit dem Schiff, tritt er, der Schrein, gegen den Hintergrund der Berge langsam hervor wie ein Traumbild, ein Himmelspalast. Seine rotleuchtenden Terrassen umschlingen das Meer, während die Dächer sich sanft dem Himmel entgegenschwingen. Schließlich etwas nördlich von Kyōto die Halbinsel Amanohashidate an der Bucht von Miyazu. Himmelsbrücke nennt man sie. Auch hier sind es Kiefern, die die elegant in einem gegenläufigen Doppelbogen sich weit in die Bucht hinausschwingende Landzunge nun in einem dichten Hain bestehen – wahrhaftig eine Brücke zum Paradies. Später fügte man, nach chinesischem Vorbild, noch acht schönste Landschaften, die Hakkei, hinzu. „... es sind die echten Wahrheitssucher, die die Landschaft lieben."

Doch die Landschaft allein ist es nicht, nicht nur das große Tableau: dem Baum, dem Gras, dem Moos in ihrer einzelnen Schönheit, in ihrem einzelnen Schicksal gilt die gleiche Aufmerksamkeit. Wo wird dem Moos so viel Sorgfalt gewidmet wie in einem japanischen Garten? Ein einzelner Baum blühender Kirschen, ein Zweig nur, gleich, wo man ihn findet, ist der Bewunderung wert. In einem Tempelgarten steht ein Baum, er ist alt und hat kaum noch Blätter, ein, zwei Büschel vielleicht zeigen, daß noch Leben in ihm ist, sonst aber scheint es zu Ende mit ihm. Bleich, ohne Rinde, strecken sich seine Zweige der Sonne entgegen, sorgsam gestützt von Pfosten und Stangen. Aber keiner denkt daran, ihn umzuhauen, den Zeugen so vieler Jahre. Jeder achtet sein ehrwürdiges Alter, und ihm ist eine besondere Schönheit eigen: die Maserung eines trockenen Holzes, die bizarren Formen seiner Äste – Schönheit des Alterns, des Reifens, ein Zeichen der Vollendung. So hat es auch Shinichi Hisamatsu, ein großer Zen-Philosoph unserer Tage, ausgedrückt, als er seine Zen-Kriterien der Kunst zusammenstellte. Einer dieser Begriffe heißt *„kōko"*, „kostbare Einfachheit", und er bedeutet schmucklos erhaben, altern, reif werden. Darüber hinaus gilt es ihm als einen willentlichen Vorgang, Haut und Fleisch abfallen zu lassen, um das Knochengerüst sichtbar zu machen. Das meint nicht Sterben, sondern eben Vollendung, das Erreichen des Kerns der Dinge, was gleichzeitig Sorglosigkeit bedeutet.

Schon seit alter Zeit hat man in Japan Gespür für diese „kleinen" Erscheinungsformen der Natur, das Farbenspiel eines Felssteins, das Linienspiel eines Holzes oder das Formenspiel einer Wurzel. Engelbert Kaempfer, weiland deutscher Arzt in Diensten der Niederländischen Ostindischen Kompanie, der Ende des 17. Jahrhunderts zweimal die Reise von Nagasaki auf der Insel Kyūshū nach Edo zum Regierungssitz des Shōgun, des Regenten, machen mußte, hat uns großartige Beschreibungen dieser Reise überliefert. In seinem Bericht von 1691 beschrieb er alle Baulichkeiten und Inneneinrichtungen auf das genaueste, unter anderem auch das, was in der Schmucknische, außer dem dort aufgehängten Bild, gelegentlich auf- und ausgestellt wird. Unter Punkt 4 seiner Beschreibung heißt es: „Einige seltsam geflammte Stückchen Holz, worin die Fibern wunderbar spielen, die denn durch mühsame Künsteleien über die Natur das Auge reizen sollen." Allerdings ist nicht genau zu verstehen, was er mit „mühsame Künsteleien" meint, sicher nicht, was wir heute darunter verstehen würden, eher wohl ein sorgfältiges Polieren, denn er fährt dann fort: „Gewöhnlich ist die Tsigai Danna (chigai danna, Wandregal) selbst oder die bretternen Fensterrahmen des Erkers, der Tokko und der Tokko wara (Schmucknische und Seitennische), oder die Schiebetüren an den Kammern und Gängen oder auch einige Kammerpfosten von solchem Holze, das dann auch rauh und an verschiedenen Stellen in seiner groben Rinde gelassen wird, außer daß man es zur Sauberkeit nur mit einem Firniß (Naturlack) überzieht, jedoch so dünn, daß die subtil spielende Natur durch die Kunst keineswegs unsichtbar und verdunkelt wird."

Das ist eine sehr gute Beobachtung; auch wenn sie vor fast 300 Jahren gemacht wurde, findet man all das auch heute noch. Natürliche Materialien zu verwenden und sie in ihrem natürlichen Zustande zu belassen ist weder ein Zeichen für Armut und Primitivität noch eine Mode, noch ein der Wandlung unterworfener Stil. Es entspringt einem intensiven Gefühl für alle Schönheiten, die die Natur ganz unmittelbar zu bieten hat. Über das Ästhetische hinaus ist damit ein Gefühl von Reinheit verbunden, wie sie nur die Natur, das Natürliche, vermitteln kann. Ein elegantes japanisches Zimmer im traditionellen japanischen Stil, aus naturbelassenen Materialien errichtet, strahlt eine unglaubliche Reinheit aus. Das Gitterwerk der mit weißem japanischem Pflanzenfaserpapier bespannten Fenster, der Wandputz von heller Sandfarbe und das zarte Graugrün frischer *tatami*-Bodenmatten aus Stroh- und Binsengeflecht, die einen sanften Duft nach getrockneten Gräsern verströmen, bilden ein harmonisches Ganzes von reiner Klarheit. Für die Holzteile, den Pfeiler der Schmucknische zum Beispiel, ist Kaempfers Beschreibung besonders zutreffend. Vor allem im Teezimmer, im Teepavillon werden solche Pfeiler noch immer eingebaut. Bei vielen Gerätschaften gilt ähnliches. Für manche Teeschalen verwendet man am liebsten kaum gereinigte grobe Erde. Von der Hand geformt und im Holzfeuer gebrannt, zeigen sie die unmittelbare Sprache der Natur. Körbe aus ungeschälten Ranken gehören zum Teuersten der Korbflechtkunst – und die Vielfalt des Bambus! Seine Stärke und Schärfe, seine Biegsamkeit und seine Widerstandskraft, sein Glanz und seine Sanftheit lassen sich verwenden, wie sie sind. Nur das scharfe Messer gibt dem Bambus Gestalt zu Musikinstrumenten, zu Gefäßen, zu Körben auch, zu Matten und Schöpfgeräten. Bei dem langstieligen Schöpfer für heißes Teewasser, wie er bei der Teegesellschaft benutzt wird, sind alle diese Eigenschaften eingesetzt, und es entstand ein einfaches, doch elegantes Gerät. Aber das ist ein Wesentliches: Wohl verwendet man das Naturmaterial in seiner ursprünglichen Beschaffenheit, doch ungestaltet läßt man es nicht. Das vierte der Kriterien der Zen-Kunst, wie sie Shinichi Hisamatsu entwickelte, lautet *shizen* – „Natur", „spontane Natur" sogar. Das bedeutet „nicht gekünstelt, nicht unnatürlich, ohne Absicht, aber auch nicht Angeborensein, sondern mit Schöpferwillen und Erfindungsgeist; ‚wirkliche Natur' verneint die bloße Natur".

Natur
Landschaft

自然風景

Landschaft ist ein wesentliches Element der japanischen Naturbetrachtung, Landschaft als Berge, Wasser vor allem, denn Japan, umgeben vom Pazifik, vom Chinesischen Meer und von der Japan-See ist nirgends weniger als 150 Kilometer vom Meer entfernt, und vierundsechzig Prozent der Gesamtfläche sind mit Bergen, ziemlich aufragenden zumeist, bedeckt. Ebenen sind selten; fast stets enden sie abrupt an einem Berghang, der steil aufsteigt, und sie können hoch aufsteigen. Denn nicht nur der Fuji-san, der höchste Berg Japans, ist mehr als 3000 Meter hoch. Man nennt diese Gebirge deshalb sogar Japanische Alpen. Wenn es irgendwo Ebenen gibt, dann waren sie schon für die alten Japaner exotisch und wert, es in einem Gedicht auszudrücken:

„Auf der Ebene
von Musashi hat der Mond
nirgends einen Berg
aus dem Gras steigt er auf,
ins Gras hinein geht er unter."

Bei der sogenannten typischen japanischen Landschaft, wie man sie auf alten Rollbildern – den Querrollen vor allem – dargestellt findet, sind die Berge eigentlich nicht sehr hoch. Doch erscheinen sie durch ihre mächtigen Rundungen fast monumental, und ganz eigenartig wirken sie, wenn die schmalen Kämme noch mit Bäumen bestanden sind, daß es aussieht wie ein filigraner Saum oder noch besser: als stünden einem solchen Kamm die „Haare zu Berge".
Zu Füßen dieser Berge aber schmiegen sich die Dörfer, um den kostbaren Ackerboden nicht zu sehr mit Häusern zu besetzen. So sieht es manchmal aus, als wollten sie in die Falten des Berges hineinkriechen.

Dann sind da schließlich noch die Felsen, Chiffren der Landschaft, steinerne Sitze der Gottheiten. Riesige stehen aufragend an den Küsten, einige wie Pfeiler, wie Säulen vor den Steilufern gleich Ruinen einer versunkenen, mächtigen Stadt und genauso wie sie auf den Tuschbildern zu sehen sind. Oder die anderen, die Felsbrocken, die oben aus den Bergen kommen und hinuntergespült werden von den Flüssen, die selten tief sind, aber mitunter sehr reißend sein können. Jedoch erhalten die Steine auf ihrem kollernden, rumpelnden Weg überaus schöne Formen, geschliffen und auch kantig, wie man sie so gut in einem Garten zu einem „Landschaftsbild" verbauen kann. Dazwischen dann die Vulkane, Feuer und Dampf speiend und die Erde färbend rot, gelb und leuchtend violett – ein Kontrast zu dem Grün der Wälder der zigmeterhohen Kryptomerienbäume, schlank und ebenmäßig, die Kiefern dafür so bizarr: am Strand wie im Gebirge recken sie ihre malerisch gekrümmten Äste in den Himmel, oft im Nebel verschwimmend – Wälder wie mit opaken Farben oder Tusche gemalt, Bilder allesamt.
Wenn nun aber in der Malerei, als Dekor und auch in der Gartengestaltung schon so früh die Landschaft eine Hauptrolle spielt, wie sollte dies nicht auch in der Literatur der Fall sein? Da ist das Manyōshū, die älteste Gedichtsammlung Japans – Tausend-Blätter-Sammlung kann man den Titel übersetzen –, sie wurde im 8. Jahrhundert kompiliert und hat schon so viele Landschafts- und Natur-Gedichte aufzuweisen. Ja, die Natur spielt eine starke Rolle darin, und zwar ganz konkret, daß man zum Beispiel mit allen darin vorkommenden Pflanzen an vielerlei Plätzen des Landes sogenannte „Manyōshū-Gärten" anlegte. Damit ist aber auch die Landschaft, in der alle diese Blumen und Gräser wachsen, gemeint. Landschaft, Natur ganz allgemein spricht auch Ki no Tsurayuki an, der erste „Literatur-Kritiker und Poetologe Japans" – er lebte von 882 bis 945 –, wenn er in seinem Vorwort zur „Sammlung alter und neuer Gedichte" (Kokinshū) – Kaiser Daigo-tennō hatte ihn beauftragt, sie herauszugeben – über den eigentlichen Gegenstand der Dichtung schrieb: „Sich in Blüten zu verlieben, die Vögel zu beneiden, sich von den feinen Frühlingsnebeln rühren und von dem Tau traurig stimmen zu lassen." Und wie war das mit dem Futagamiyama, dem Berg mit dem Grab des Prinzen Ōtsu? Wie der Berg damals schon so hieß, so heißt er noch heute, und wie viele erinnern sich bei seinem Anblick an dies Gedicht:

„Ach, so bleibe ich,
leere Hülle der Zikade,
allein in dieser Welt!
Daß ich von morgen an
zum Futagamiyama schaue
als zu meinem Bruder."

Oder Matsuo Bashō, der große Haiku-Dichter des 17. Jahrhunderts; seine knappen, wie Chiffren hingesetzten Verse, waren doch sehr konkret. Sie benannten nicht nur die Dinge, wie sie waren, auch die Landschaften, die er durchwanderte, den Fuji-Gipfel, aufsteigend in der Ferne, die Kirschblüten von Yanaka. Auf seinem weiten „Weg in den Hohen Norden" – so der Titel seines Reiseberichtes (Oku no Hosomichi) – kam er auch an die Ebene des Kitakamigawa-Flusses, grasbewachsen auch heute und Reisfelder – ein berühmtes Schlachtfeld einer tragischen Verstrickung. Damals schrieb Bashō über die Kitakamigawa-Flußebene das folgende Haiku:

„Unterm Sommergras:
Verwehter Kriegerträume
nur die Spuren noch."

Erwachen um Mitternacht:
das Zurechtrücken des Tisches.

Senkrecht
unter dem kunstlosen Geländer am Obergeschoß
stürzen die Wasser des Wildbachs abwärts vorbei.
Geräusch wie das Gestrudel aus vollen Regenrohren.
Ah, denk' ich, ein Wolkenbruch,
und schiebe die hölzernen Läden zur Seite.
Doch draußen ist es klare Sternennacht.

Ich ziehe mir
parallel zum donnernden Wildbach
den Tisch heran und setze mich.
Da beginnt mein Leib mit der Strömung zu treiben,
da fließt und fließt mein Bewußtsein ziellos davon.
Um es festzuhalten,
muß ich den Tisch quer zum Lauf des Wildbachs rücken,
muß mich wehren.

(Fuyuhiko Kitagawa, 1958)

Auf dem Hügel am Fluß wurde für den Helden dieser Schlacht, Yoshitsune, gefallen auf diesem Feld, eine Gedenkhalle errichtet. Auch sie steht heute noch; und schaut man hinab von dort auf den Fluß, die grasbewachsene Niederung: Blitzt da nicht der Helmschmuck der hier gestorbenen Krieger im fahlen Licht des Nachmittags? Selten konnten Landschaft, Geschichte und Gedicht gemeinsam eine so intensive Stimmung hervorrufen.
Ortsbenennungen und Landschaftsnamen sind jedoch niemals symbolisch gemeint, stets real, konkret, denn man kann nur das beschreiben, was man wirklich kennt, so lautet seit alter Zeit eine Devise der japanischen Literatur. Wilhelm Gundert, der große Ostasienwissenschaftler und Zen-Übersetzer, hat es uns auf westliche Weise begreiflich zu machen versucht: „Die vielen Ortsnamen in japanischen Gedichten sind nicht nur Brocken der Geographie. In ihnen schwingt gar vieles mit: Naturgefühl, Liebe zur Heimat, oft auch pietätvolles Erinnern an Menschen und Ereignisse der Vergangenheit."
Mag dies in der Sprache ein wenig romantisch klingen, so ist die Haltung, die hinter diesen konkreten Ortsbenennungen steckt, deutlich zum Ausdruck gebracht.
Die Landschaft im Wandel der Jahreszeiten ist in Japans Kultur, seiner Kunst, seiner Literatur und Philosophie eines der wichtigsten Elemente, wenn nicht das wichtigste Element überhaupt. Die Landschaft aber meint schließlich doch das Ganze, auch das Universum, auch den Menschen, denn dieser ist ein Teil davon; eingeordnet in die Natur, in das Ganze, lebt er nur mit ihr und durch sie.

Mit seinen Blätterbüscheln wiegt sich der Bambus im Wind. Tobt ein Sturm, beugt er sich tief zur Erde, aber er bricht nicht; seine Nachgiebigkeit ist seine Stärke. Das hat ihn in Ostasien mit Pflaumenblüte und Kiefer zum Neujahrssymbol gemacht, sind doch auch noch im Winter seine Blätter grün. Erst im Mai werden sie gelb und fallen.

Knöcheltief bedecken sie dann den Boden. Gleichzeitig schießen die neuen Sprossen empor, armdick und so schnell, daß man glaubt sie wachsen zu sehen. In wenigen Tagen haben die kräftig grünen Stangen mehrere Meter erreicht. Botanisch gilt der Bambus als verholztes Gras und ist sehr hart und haltbar, gutes Material für viele Dinge.

Mit ihren unregelmäßigen Konturen, einem abstrakten Gemälde gleich, breiten sich die Reisfelder weithin bis an den Horizont. Der Reis ist schon geschnitten, doch das Wasser ist noch nicht abgelassen, so spiegelt sich die Sonne wie in sumpfigen Tümpeln.
Schon seit 300 v. Chr. baut man in Japan den Reis in Naßfeldern an, und seit dem Altertum ist er das wichtigste Grundnahrungsmittel. Er wird auch heute noch täglich gegessen.
Da Japan wenig Ebenen besitzt, muß jedes Fleckchen genutzt und müssen auch die Berghänge terrassiert werden. Deshalb betreibt man den Reisanbau außerordentlich sorgfältig, fast wie im Gartenbau. Die jungen Pflanzen werden in besonders zubereiteten Beeten vorgezogen und dann in die Naßfelder gesetzt. Dort stehen sie zunächst wie kleine Kommas – ein japanisches Frühlingsbild. In der Sommerhitze leuchten die Felder in kräftigem Grün. Ist er geschnitten, hängt man den Reis auf eine Art Spalier oder an Stangen zwischen eigens angepflanzten Bäumen zum Trocknen. Jede Gegend hat ihre eigene Methode. Heute erledigen Maschinen die meisten dieser Arbeiten. Trotzdem feiert man auch da und dort noch immer mit Musik und Tänzen die Zeremonie des ersten Reispflanzens. Opferspeise der Götter, steht der Reis im Mittelpunkt vieler Legenden und Bräuche.

Einmal um den Zweiten Monat brach ein Kavalier mit einigen vertrauten Freunden zu einer vergnüglichen Reise in die Provinz Izumi auf. Als sie unterwegs im Lande Kawachi den Ikoma-Berg erblickten, war dieser bald verhüllt, bald tauchte er klar herauf, so unaufhörlich stiegen und sanken die Wolken. Nach einem bedeckten Morgen kam ein heiterer Mittag. Dazu lag weiß der Schnee auf den Wipfeln der Bäume, ein Bild, das den Kavalier als einzigen in der Gesellschaft zu einem Gedicht veranlaßte:

Gestern und heute
in tanzenden Wolken
verbarg sich der Berg,
um aus Trotz nicht herzuzeigen,
wie seine Wälder blühen.

Einmal ritt ein Kavalier in die Provinz Izumi. Als er den Distrikt Sumiyoshi und dort das Dorf Sumiyoshi mit dem Strand von Sumiyoshi erreichte, entzückte ihn dieser Anblick so über alle Maßen, daß er wieder und wieder abstieg und rastete, bevor er weiterzog. Einer aus seiner Begleitung meinte: „Wie wäre es mit einem Gedicht über den Strand von Sumiyoshi?" Also begann der Kavalier:

Schön lebt sich's hier
im Herbst: da schreit die Wildgans,
blüht die Chrysantheme;
schöner noch beim Frühlingsmeer.
Ah, Strand von Sumiyoshi!

Auf ein solches Gedicht wagte keiner eine Antwort.

(Das Ise-monogatari, 10. Jahrhundert)

Felsig ist die Küste von Shiretoko, einer langgestreckten Halbinsel im Osten Hokkaidōs, der nördlichen Hauptinsel Japans. Doch nicht nur dort, auch in der Ishikari-Bucht und am Kap Erimo. Rauh sind die Winde in Hokkaidō, und die See geht oft schwer. Das Klima, die Luft sind ganz anders als auf den übrigen Hauptinseln. Man glaubt,

hier nicht in Japan zu sein. Die Sommer sind kurz, und es wird rasch kühl. Man denkt an Skandinavien, und doch stimmt dieser Vergleich nicht. Die Vegetation ist viel üppiger als im Norden Europas. Noch an der nördlichsten Spitze wächst das Bambusgras Sasa. Die weithin sich dehnenden Ebenen sind im Sommer bunt von Blüten. Wird ein gerodetes Stück Land aufgegeben, ist es innerhalb eines Sommers wieder zugewachsen. Die Bäume sind von Schlinggewächsen umrankt. Hier gibt es noch Bären, riesige Krähen, die Menschen anfallen können, einen ein Meter langen Molch und einen dreizehn Zentimeter großen Pfeifhasen, Tiere aus längst vergangenen Zeitaltern.
Erst im 19. Jahrhundert wurde Hokkaidō wirklich besiedelt. Bis dahin herrschten dort die Ainu, einst wohl die Urbevölkerung des Inselreiches.
Bekannt aber war Hokkaidō den Japanern schon im 7. Jahrhundert. Doch die Ainu wußten sich zu wehren. Nur auf Oshima, der südlichen Halbinsel, konnten sich Fischer festsetzen. Ein Lehen wurde nicht vor dem 17. Jahrhundert eingerichtet, dann aber die Insel systematisch erforscht. Mit den Ainus entwickelte sich ein reger Handelsverkehr. Aber die Besiedlung ist noch heute nicht abgeschlossen. Die Landwirtschaft spielt die Hauptrolle, Hokkaidōs Kartoffeln und Milchprodukte sind berühmt. Auch konnte man einen resistenten Reis für Hokkaidō züchten. Die Betriebsflächen der Bauern sind erheblich größer als auf den übrigen Inseln. Die Siedler kamen von überall her, doch wird es wohl noch eine Weile dauern, bis sie sich ganz heimisch fühlen werden. Daneben macht die Industrialisierung Fortschritte, und die Provinzhauptstadt Sapporo hat inzwischen mehr als anderthalb Millionen Einwohner.

Stolz steigt der Fuji-san, höchster Berg und Wahrzeichen Japans, aus der Ebene auf, alles ringsum beherrschend. Sein schneebedecktes Haupt überglänzt die fünf Seen, die ihn im Halbkreis umgeben, doch nur in einem spiegelt er sich. Wenn nicht Wolken ihn umhüllen, ist er weithin sichtbar: Über den Vorgebirgen wie über dem Meer,

Aus drei Eruptionskegeln aufgebaut, ist er ein basaltischer Vulkan von einer Höhe von 3776 Metern. Er genießt göttliche Ehren und wird jährlich von Tausenden bestiegen.

selbst über den Häusern von Tōkyō zeigt er sich an klaren Herbstabenden als rotleuchtende Silhouette, ein Trapez fast, die eine Seite aber lang ausschwingend in eleganter Kurve – das Geheimnis seiner Schönheit. Wie viele Künstler haben ihn dargestellt!

Berge... Berge...

Bergkette in der Ferne,
nur auf den Gipfeln trägt sie Schnee;
vom Strohdach
die roten Früchte nicken Signale.
Über Wolkenfetzen
waghalsig schreitet einer hin:

ich bin's.
Und jenem Ich
seh' ich gelassen durchs Bahnhofsfenster zu.
(Wie lang noch
über jenen Wolkenfetzen
werd' ich gehen müssen?)
(Fuyuhiko Kitagawa, 1952)

Natur
Kirschblüten

自然
桜花

Kyōto, die alte Kaiserstadt, von Blüten überschäumt, wer stellt es sich nicht so vor in seinem Traumbild von Japan: Kirschblüten hellrosa-sanft umspielen das Silbergrau alter Tempeldachziegel, spiegeln sich in den kristallklaren Quellen berühmter Gärten, bilden dunkelrosa Laubengänge im Park und versprühen ein weißes Feuerwerk am Fluß, der aus den Bergen kommt – Postkartenschönheit und doch gewiß wahr, überwirklich, ein Rausch. Wer aber denkt schon an Tōkyō und Kirschblüten. In den Reiseprospekten kommt das kaum vor, aber auch hier ist es ein rauschhaftes Fest, schäumen die Blüten über. Mag sein, daß in Tōkyō alles nur ein wenig lauter ist als im vornehmen Kyōto und die Poesie von anderer Art. Die Edo-ko, die Leute aus Edo, wie sie nach dem alten Namen der Hauptstadt noch immer genannt werden, haben eben etwas mehr Temperament. Aber es ist wahr: auch in Tōkyō stehen überall Kirschbäume, in den Hausgärten grüßen sie über die Mauer, in der Anlage am Hochhaus werfen ihre zarten Zweige grafische Schatten auf die Wand. Sie stehen in Gruppen in Parks und überziehen den Museumshügel von Ueno mit ihrem Glanz. Am schönsten aber sind sie am Sumida-Fluß.

Hunderte von Kirschbäumen reihen sich an ihm entlang, wölben ihre rosa-weißen Kuppeln über die Ufer. Um den 10. April ist es soweit – sehnsüchtig erwartet. So zieht denn halb Tōkyō mit Decken und Planen auf die Hügel der Stadt, an den Fluß. Alle schleppen große Picknickkörbe mit Obentō-Schachteln voll Reisröllchen, Pickles, kleinem Gebratenem und riesigen Flaschen voll Reiswein, Familien, große und kleine, Kollegen, Freunde sie alle. Sie lassen sich nieder unter den weit sich ausbreitenden Zweigen, gleichgültig, ob der Boden harter Asphalt, Sand oder Rasen ist. Am Rande der Decken und Planen stehen die Schuhe, fein säuberlich aufgereiht, als sei man zu Hause. Das Gelage beginnt, die großen Sake-Flaschen sind schwer, mit beiden Händen muß man sie halten, um die Becher zu füllen. In der Mitte der Runde ein Recorder – nein, nicht nur: nebenan, bei den sorgsam geschminkten, alle in Kimonos gekleideten Damen, hat jemand ein *shamisen,* so eine Art Banjo japanischer Art, gestimmt: „Sakura, Sakura – Kirschblüte, Kirschblüte" singen sie. Irgendwo springt einer auf, klatscht über dem Kopf in die Hände, wiegt sich leicht in den Hüften, tanzt mit engen Schritten. Viel Platz ist nicht, gleich daneben sitzen andere, aber was macht's: Kirschblüten, Wein, der schwingende Rhythmus – die Großstadt scheint vergessen, es ist Frühling in Edo.

Die Kirschblütenfeste sind alt; schon in ganz früher Zeit, vor mehr als tausend Jahren, zog man aus, die Blüten zu bewundern, der Hofadel vor allem, aber bald auch das Volk. Man hat es dargestellt auf Bildern und mit Gedichten, doch konnte man sich von Anfang an einer leisen Melancholie nicht erwehren: die überwirkliche Schönheit der Blüten beunruhigte; und fielen sie, kaum daß sie sich voll entfaltet hatten, spürten alle, die dies sahen, die Nähe der Vergänglichkeit, und ihr Herz füllte sich mit einer sanften Trauer. Jedoch, auf raffinierte Weise erhöhte dies den Genuß. Jene Vorstellung aber, die in Reinheit sich vom Baum lösende Blüte sei Symbol für ritterliche Tugend, für die Opferbereitschaft des Vasallen, für seinen Herrn zu sterben, ist eine populäre Vorstellung und erst seit dem 19. Jahrhundert verbreitet. Das eigentliche Wesen der Kirschblüte – so sagen die Gelehrten – zeigt sie nicht.
Die Anfänge der Kirschblütenverehrung haben mit höfischem Genießen und ritterlichen Symbolen so gar nichts zu tun. Sie sind ganz woanders, nämlich im Bäuerlichen, zu suchen. An den steil aufsteigenden Hängen der japanischen Gebirge gab es in früher Zeit zahlreiche Wildkirschen, die sich wie weiße Schleier über das Grün der anderen Bäume breiteten. Die Bauern, das einfache Volk, sie lasen in ihnen wie in einem Orakel. Fielen die Blüten rasch, würde die Ernte schlecht sein in diesem Jahr. So veranstaltete man Riten und Feste, die Gottheit gnädig zu stimmen und die Kirschblüten dauern zu lassen. Einige der Riten haben sich noch heute erhalten.

Doch noch einen anderen Ursprung der Kirschblütenverehrung gibt es. Im Jahr 699 kam ein koreanischer Verbannter nach Japan und gründete eine neue Lehre der Bergasketen, der *yamabushi,* eine Mischung aus Buddhistischem und Shintōistischem mit magischen Praktiken. Und er, er hieß mit japanischem Namen En-no-Shōkaku, soll, so will es die Legende, den Kirschbaum zum heiligen Göttersitz erklärt haben und nicht nur einen, sondern alle. En-no-Shōkaku bepflanzte auch sogleich einen ganzen Berg mit Kirschbäumen,

Tausende sollen es gewesen sein, und dieser Berg Yoshino, südlich von Nara gelegen, ist noch heute berühmt für seinen riesigen Kirschhain, denn der Bergasket hatte die Leute beschworen, bei ihrem künftigen Leben die Bäume ja nicht zu zerstören. Jedes Jahr wird in Yoshino eine große Kirschblütenschau gefeiert. Eine der berühmtesten fand schon im 16. Jahrhundert statt, als nämlich Toyotomi Hideyoshi (1563–1598), ein aus niederem Stand aufgestiegener General und erster Einiger des Reiches, eine große Schar von Hofbeamten, Samurai-Rittern und Dichtern nach Yoshino lud, um ein großes Dichtfest zu Ehren der Kirschblüte abzuhalten. Und wenn man Hideyoshis Liebe zu Prunk und Aufwand bedenkt, kann man es sich nicht prächtig genug vorstellen.
Doch was ist von all dem geblieben? Vieles, alles fast – vielleicht nur ein wenig verändert, aber man kann es noch sehen: im Tempelgarten in Kyōto wie in Tōkyō am Sumida-Fluß oder sonstwo, und die Dichter sind längst noch nicht müde, die Kirschblüte zu besingen:

„Die Nacht versank
Über ihr in der Klarheit
reglos lauschend
hör' ich der Kirschblüten Geräusch.

Ein Geräusch so vieler,
daß mir die Augen schmerzen.
Es ist von Milliarden Blüten
das Geräusch,
mit dem sie sich plötzlich öffnen."
Hisashi Sakai, geb. 1914

Und kommt dann ein Wind auf, stieben sie empor wie eine Wolke, rosa und weiß, um wieder herabzuschweben, sich drehend, taumelnd – langsam bedecken sie den Boden mit ihrem Schnee in Kyōto, in Tōkyō und anderswo.

Oh, bliebet ihr auch,
an den Zweigen ihr Blüten,
auf den Frühling hoffend,
übers Jahr –
seht, es ist kein Verlaß
auf des Menschen Herz.

Ich habe gescherzt
unter Kirschblüten
im Frühling,
beim Vollmond
im Herbst –
ach, was ich bewunderte,
nur ein Traum war es im
Traum.

Schonheit versank
ins Dunkel der Nacht,
der Wind verwehte
die gefallene Blüte.
(nach Ihara Saikaku, 1687)

Einmal war da ein kaiserlicher Prinz mit Namen Koretaka, der hatte sich jenseits von Yamazaki in Minase einen Landsitz eingerichtet, und in jedem Jahr, wenn die Kirschbäume in voller Blüte standen, begab er sich dorthin. Dabei pflegte ein Kavalier mit ihm zu reisen, der damals als Marstallverwalter zur Rechten amtierte, dessen Name jedoch nach so langer Zeit in Vergessenheit geraten ist. Die übliche Falkenbeize betrieb man nicht eben eifrig, desto leidenschaftlicher das Trinken und Dichten. Als daher die Jagd zum Nagisa-Haus in Katano führte, und die Kirschen blühten dort besonders herrlich, stieg man von den Pferden und lagerte sich unter den Bäumen, Zweige wurden gebrochen, um sie sich ins Haar zu stecken, und ein jeder, ob hohen, mittleren oder niederen Ranges, verfaßte ein Gedicht. Der Marstallverwalter begann:

Sich vorzustellen,
es gäbe in dieser Welt
die Kirschblüte nicht –
wie friedvoll wäre, wie stille
im Frühling unser Herz.

Und ein anderer entgegnete:
Ach, weil sie fallen,
sind am Kirschbaum die Blüten
erst wirklich schön.
Was könnte auch in der Welt
der Leiden von Dauer sein?

Während sie aufbrachen und die Stelle unter den Bäumen verließen, begann es zu dunkeln. Da tauchte aus der Ebene das übrige Gefolge auf, Diener schleppten Reiswein herbei, und indem man nach einem für ein Trinkgelage geeigneten Platz Ausschau hielt, erreichte die Gesellschaft einen Ort namens Amanogawa oder Himmelsfluß. Der Marstallverwalter wollte dem Prinzen den Wein kredenzen, doch dieser sprach: „Wenn Ihr mir die Schale reicht, sollt Ihr es mit einem Gedicht tun, das unsere Jagd bei Katano und die Ankunft hier in Amanogawa zum Thema hat." Darauf der Marstallverwalter:

Schließlich kehrte man zu jenem Landsitz zurück. Bis tief in die Nacht wurde getrunken und erzählt, und als der vom Wein berauschte Prinz Anstalten machte, sein Lager aufzusuchen, und draußen der Elf-Tage-Mond wollte untergehen, da dichtete der Marstallverwalter:

Warum muß er, der Mond,
den wehmütigen Blicken
so früh entschwinden?
Möchten die Berge fliehen,
um ihn nicht einzulassen!

Im Abenddämmern
ritt ich nach langer Jagd
zum Himmelsfluß,
um mir vom Webermädchen
ein Lager zu erbitten.

Der Prinz wiederholte die Verse ein um das andere Mal, aber ein Gegengedicht fiel ihm nicht ein. Nun war auch Ki no Aritsune unter dem Gefolge; also übernahm er es und antwortete:
Einmal im Jahr erwartet die Weberin
ihren Geliebten;
außer ihm wird sie, fürchte ich,
keinem Herberge bieten.

Und für den Prinzen entgegnete Ki no Aritsune:
Möchten alle
Gipfel ringsum in Ebenen
sich verwandeln!
Dann könnte – ohne Berge –
der Mond nicht untergehen.
(Das Ise-monogatari, 10. Jahrhundert)

Bewundert man die Kirschblüten nur in ihrer vollen Pracht, den Mond nur an einem wolkenlosen Himmel? Sich im Regen nach dem Mond sehnen, hinter dem Bambusvorhang sitzen, ohne zu wissen, wie sehr es schon Frühling geworden ist – auch das ist schön und berührt uns tief. Gerade ein Zweig, dessen Knospen erst aufgehen, und ein Garten, in dem die Blüten schon abgefallen sind, geben besonders viel zu betrachten.
Wenn es in den Gedichtüberschriften etwa heißt: „Als ich die Kirschblüten zu schauen ging, waren sie schon alle abgefallen oder verwelkt" oder „Es kam leider etwas

dazwischen, und so mußte ich auf die Blütenschau verzichten" – ist das vielleicht weniger reizvoll, als wenn geschrieben steht: „Vor prangenden Blüten"? Fallen die Blüten ab und schwindet der Mond langsam dahin, so erfüllt die meisten Menschen ein sanftes, trauriges Sehnen. Nur die Banausen schreien dann umher: „Hier und hier, überall sind die Blüten ja schon abgefallen! Was gibt es da noch zu sehen?"
So ist es bei tausend Dingen: Gerade der Anfang und das Ende haben besonderen Zauber.
(Yoshida Kenkō: Tsurezuregusa, 1331)

Natur

Garten

Es ist sehr früh am Morgen. In der Eingangshalle des Tempels steht noch kein einziges Paar Schuhe im Regal. Die eigenen ausgezogen, spürt man es kalt unter den Sohlen, als läge Tau auf den von vielen schuhlosen Füßen blankpolierten dunklen Bohlen der umlaufenden, offenen Veranda – Stille. Die Schiebetüren zur Buddhahalle und zu den anderen Räumen sind noch geschlossen. Irgendwo schrillt ein Telefon, eine Stimme antwortet, dann wieder Stille. Wir gehen leise nach vorn, da trifft – auch wenn die Sonne noch mit keinem Strahl hereinfindet – unsere Augen eine glitzernde Helle: vor uns breitet sich eine weiße Sandfläche, nur drei spitze Sandkegel setzen Akzente. Doch da kommt ein junger Mönch um die Ecke. Um den geschorenen Kopf hat er ein weißes Tuch geschlungen, die Ärmel des Baumwollkittels sind hochgebunden, in der Hand hält er eine große hölzerne Harke. Behende springt er von der Veranda in den Sand, setzt die Harke an und beginnt mit ruhigen Bewegungen tiefe Rillen in den Sand zu ziehen: parallele Linien oder leichte Kurven, die wie Wellen die Sandhügel umspielen. Ein leises knirschendes Geräusch macht die Stille noch tiefer. Nach einer Weile gehen wir ein paar Schritte weiter in die Richtung, aus der der Mönch gekommen ist. War die Sandfläche die Leere, die kosmische Weite, herrscht hier jetzt Fülle, Felsen und Buschwerk, eine steinerne Brücke. Im Stehen begreift man es gar nicht, man muß sich niedersetzen, einfach so, auf die Bohlen der Veranda, um den Felsen „ins Auge sehen zu können", erst dann klärt sich das Bild: links zwei mächtige Felsen, schmal, aber hochaufragend, Berge, Felsgebirge, das in geschnittenem Buschwerk sich fortsetzt. Man befindet sich in einer Schlucht, im Tal eines Bergbaches. Es scheint, als könne der Blick in die Ferne schweifen, denn im Hintergrund sind die Felsen niedriger, Weite deutet sich an. Ein Wasserfall stürzt über Klippen, man „hört" es rauschen, auch wenn es nur weißer Sand ist, der auf den Steinen liegt, bewegungslos. Im Vordergrund bilden Felsbrocken ein Ufergebirge. Der Bach wird zum Strom, und das steinerne Schiff auf der anderen Seite des Übergangs scheint schwankend dem offenen Meer zuzusteuern – ein vollkommenes Landschaftsbild, den Tuschbildern gleich, nur dreidimensional, als habe man alte Maltraktate ins Plastische umgesetzt. Ja, das Gestaltungsprinzip dieses Anfang des 16. Jahrhunderts entstandenen Tempelgartens des Daisen-in in Kyōto erweist sich sogar als eine fast genaue Befolgung dieser Traktate. In einem solchen Text des berühmten chinesischen Malers Wang Wei aus dem 8. Jahrhundert heißt es: „Es ist das beste, wenn man die entfernten Berge, die im Hintergrund liegen, niedrig und geduckt erscheinen läßt..." Geschah das nicht hier? Deshalb ist auch die Brücke aus einer unbehauenen Felsplatte etwa sechs Siebtel so lang, wie der Hauptstein ganz im Vordergrund hoch ist. Also werden die Proportionen verschoben, indem ein Element überbetont wird. Möglich, daß dies das Geheimnis ist, warum solche Gärten nicht wie Miniaturen, nicht wie Spielzeuggärten wirken.

Wenn dieser alte Garten des Daisen-in-Tempels in Kyōto vielleicht auch einer der bedeutendsten der japanischen Gärten sein mag, so ist er von seiner Struktur her doch nichts Besonderes, denn alle japanischen Gärten sind „dreidimensionale Landschaftsgemälde", sind Landschaftskunstwerke, und das bedeutet Darstellung der Natur, Gestaltung der Landschaft mit ihren eigenen Mitteln, nämlich den Steinen, dem Wasser, dem Sand und den Pflanzen. Sie alle haben sich dem Thema unterzuordnen, auch die Pflanzen; ihr Blühen kann nur einen „Gebirgszug", eine Uferzone verschönern. Wichtig ist die Form der Pflanzen, die als geschnittenes Buschwerk Landschaft darzustellen haben.

Obgleich nun stets Landschaftskunstwerk, hat der japanische Garten doch eine Vielfalt an Typen, Formen und Stilen entwickelt. Das mag den fremden Betrachter zunächst verwirren. Aber diese Vielfalt läßt sich gut in drei Haupttypen gliedern, die sich dann in verschiedenen Formen und Stilen ausdrücken. Diese drei Haupttypen sind der Teichgarten, der Trockenlandschaftsgarten und der Teegarten. Man könnte sie auch anders bezeichnen, so als Wandelgarten, in dem man spazierengehen kann, und als Betrachtungsgarten, der nur von der Veranda aus bewundert wird und niemals betreten werden kann, dazu der Teegarten als Environment für eine Kunst, die Teekunst. Der Betrachtungsgarten scheint uns, da er für uns am fremdesten wirkt, der japanischste zu sein. Doch zeigen auch die anderen in gleicher Weise einen typisch japanischen Stil.

Da ist zunächst der Teichgarten, der auch historisch am Anfang steht. Mit der Palastbau-Architektur kam er in früher Zeit aus China nach Japan, und schon im 5. Jahrhundert berichtet man von einem künstlichen Gartenteich. Die meist nach Süden gerichtete Palastanlage umfaßte mit ihren Flügelbauten eine weiße, für höfische Zeremonien notwendige Sandfläche, die unmittelbar in einen Garten überging: ein Teich mit vielfältig geschwungenem Ufer und mindestens einer Insel, die rote Brücken mit dem Ufer verbanden. Damals machten blühende Stauden und Bäume noch den Garten bunt. Solche Gärten aber haben sich nicht mehr erhalten, doch kennt man sie aus Beschreibungen und bildlichen Darstellungen. Nur als Paradiesgarten, in einer buddhistische Version also, ist dieser Stil auf uns gekommen. Denn um das Jahr tausend, als man glaubte, das buddhistische Weltzeitalter neige sich dem Ende zu, hatten viele Adelige damit begonnen, ihren Palast oder ihren Landsitz in einen Tempel umzuwandeln, um dem Paradies schon auf Erden nahe zu sein. Man brauchte nur die Inseln zu vergrößern und eine Buddha-Halle darauf zu stellen, in der Buddha thronte, so wie auf der Terrasse über dem Lotosteich im Reinen Land des Westens, im buddhistischen Paradies.

Spätere Palastgärten, allerdings nun auch als Tempelanlagen, sind aus dem 14./15. Jahrhundert noch erhalten mit Teichen und Inseln. Berühmt sind der Goldene und der Silberne Pavillon-Tempel in Kyōto, einst prächtige Ruhesitze der großen Ashikaga-Shōgune. Mattschimmernd spiegelt sich der Goldene Pavillon im dunklen Teich, der das Grün des dichten Hains ringsum in sich aufgenommen hat. Ein Boot liegt am Steg, als habe der Shōgun sich gerade zur Andacht in den Pavillon begeben. Strenger erscheint der Silberne Pavillon-Tempel. Er zeigt keinen metallisch glänzenden Überzug. Sein dunkles Holz bettet sich ein in das dunkle Grün hoher Bäume, doch vor ihm breitet sich weißer Sand zu einem Hügel, zu einem „See", dem „Silbersandsee", und der „Mondbetrachtungsplattform". Noch weiß keiner, wie sie entstanden, doch ein paar hundert Jahre sind sie schon da – ein frühes abstraktes Kunstwerk.
Im 17. Jahrhundert kam eine weitere Teichgartenform auf: der Garten im Umwandelstil der *daimyō*-Fürsten. Zuerst in Tōkyō, das damals noch Edo hieß, legten sich diese Fürsten – auf Befehl des Shōgun, damit sie ihre Gelder nicht für politische Dinge verwendeten – weitläufige Parks an, später dann auch in ihren eigenen Provinzen. Teich und Mittelinsel sind auch hier die Hauptelemente, doch von sich verzweigenden Wegen umzogen, von künstlichen Hügeln umstellt und von kleinen Wasserfällen aus dämmrigen Buchten gespeist. Jede Wegbiegung bietet ein neues Bild, das Bild einer kunstvollen Landschaft, die anspielt auf einen berühmten Ort, ein Flußgestade in Kyōto oder den Westsee in China. Doch keiner reicht an den Garten eines kaiserlichen Prinzen heran, an den Garten des Katsura-Palastes in Kyōto. Der buchtenreiche Teich ist so kompliziert geschwungen, daß man zunächst glaubt, eine Vielzahl von Teichen vor sich zu haben. Er ist besetzt mit mehreren Inseln, das verstärkt diesen Eindruck noch. Den Teich umstehen verschiedene Pavillons, auch Teepavillons, jeder mit einem eigenen Gartenkompartiment, und doch harmonieren sie alle aufs abwechslungsreichste miteinander. Auch hier wird eine reale Landschaft zitiert: Amanohashidate – Himmelsbrücke – nördlich von Kyōto, eine kiefernbestandene, kurvig geschwungene Landzunge an der Miyazu-Bucht. Im Garten ist sie dargestellt durch nur eine Kiefer auf einer Insel von ebenso kurvigen Konturen und mit leicht gebogener Steinbrücke.
Der Trockenlandschafts- oder Betrachtungsgarten läßt das Landschaftskunstwerk am deutlichsten erkennen. Hier stellen Felssteine Berge dar oder auch eine Felslandschaft, Buschwerk und Bäume werden niedrig gehalten, sich den Felssteinen anzupassen, und Sand hat das Wasser vorzustellen. Die Steine jedoch dürfen nicht bearbeitet werden, die Landschaft soll kunstvoll, aber nicht künstlich sein. So, wie es der Daisen-in auf vollendete Weise vorführt, indem seine Formen und Materialien auf das Wesentliche konzentriert wurden.

Kiefern und Kirschbäume eignen sich am besten als Schmuck um das Haus. Bei der Kiefer ist auch die fünfnadelige Art gut, bei der Kirsche ist die einblütige vorzuziehen. Die mehrblütige Kirsche war früher nur in der Hauptstadt Nara anzutreffen, aber heutzutage ist sie überall verbreitet. Die Yoshino- und Sakon-Kirschblüten sind jedoch einblütig. Die mehrblütige Art hat etwas seltsam Übertriebenes und Grelles, und so sollte man sie nicht halten. Auch die Spätkirsche ist ohne Reiz, und es ist ein widerlicher Anblick, wenn Würmer in ihr hausen. Von den Pflaumen ist die Weißpflaume und auch die Rotpflaume gut. Die einblütige Weißpflaume geht zeitig auf und blüht ebenso wie die mehrblütige Rotpflaume leuchtend und herrlich. Die Spätpflaume blüht zur gleichen Zeit wie die Kirsche und wird daher nicht so geschätzt, sie kann sich an Schönheit nicht mit ihr messen, und sie bietet, wenn sie verwelkt an den Zweigen hängt, einen peinlichen Anblick. Der Laienmönch Kyôgoku sagte einst: „Es berührt mich tief, zu sehen, wie die einblütige Pflaume schnell und als erste aufblüht und dann, wenn die anderen Blüten aufgehen, schon wieder verwelkt." Er hat aus diesem Grunde dicht um sein Haus einblütige Pflaumenbäume gepflanzt, und noch heute stehen zwei dieser Bäume dort an der Südseite. – Auch die Weide nimmt sich gut aus. Ein junger Ahornbaum ungefähr im vierten Monat ist lieblicher als alle Blüten und selbst als das rote Herbstlaub. Auch die Tachibana und Katsura sind als alte, große Bäume schön.
Geeignete Pflanzen sind die Goldnessel, Glyzinie, Schwertlilie und Nelke. Für den Gartenteich ist der Lotos wie geschaffen. Als Herbstpflanzen kommen in Betracht: Rohrschilf, Susuki, Kichikô, Süßklee, Jungfernblume, Aster, Pimpernell, Karukaya, Gentiane, weiße und gelbe Chrysantheme. Efeu, Pfeilwurzel und Trichterwinde sind schön, wenn sie klein und nicht hoch an einer Hecke wachsen und nicht allzu dicht beieinanderstehen.
Außer diesen sind die seltenen und mit ungebräuchlichen chinesischen Namen versehenen Pflanzen und Blüten, an die unser Auge nicht gewöhnt ist, ohne besonderen Reiz. Es ist ganz allgemein so, daß gerade wenig gebildete Menschen an seltsamen, ausgefallenen Dingen Gefallen finden. Es ist besser, solche nicht zu besitzen.
(Yoshida Kenkō: Tsurezuregusa, 1331)

Aber die Abstraktion konnte noch weitergehen. Im berühmten Steingarten des Ryōanji-Tempels bleiben nur noch Steine und Sand: fünfzehn in Gruppen zu drei, fünf und sieben, gesetzt in einen spannungsreichen unendlichen Rhythmus, die Weite des Kosmos signalisierend – ein Garten, der die Zen-Kriterien, wie sie der Philosoph Shinichi Hisamatsu formulierte, aufs höchste manifestiert: die Asymmetrie in der Anordnung der Steingruppen, die Einfachheit in der Verwendung einfacher, natürlicher Steine, die dem Altern und Reifwerden überlassen wurden und die gleichzeitig das Gerüst, das Innerste der Welt, des Seins, wo es nicht mehr Sein ist, offenbaren, worin sich unergründliche Tiefe ausdrückt. Gestaltet ist der Garten in spontaner Natürlichkeit, jedoch mit künstlerischer Absicht, die sich deutlich in der ausbalancierten Ordnung der Steingruppen zeigt, während die Überwindung der Welt sich im Verzicht auf einen Darstellungscharakter dieses Gartens ausdrückt.
Schließlich die dritte Form: der Teegarten als Environment für die Teekunst, jene Teegesellschaft, die die Kommunikation der Menschen untereinander und mit den Dingen zum Ziel hat, in völliger Harmonie. Sie findet in einer Teehütte statt, die umgeben ist von einem dichtbepflanzten Garten, der abschirmt vom Alltag, den man vergessen soll, abtun mit allem, was einen beschwert. So schließt sich der Garten vom Tor her langsam immer dichter um den Pfad, der zur Teehütte führt, um ein Gefühl von Wildnis zu vermitteln. Den Gast geleiten kräftige Schrittsteine – nicht anders waren einst die Waldwege befestigt –, doch gelegentlich abgelöst von kunstvoll-natürlichem Paviment. Der Boden ist oft von Moos bedeckt, Farne gibt es viel, Binsen. Das dichtstehende, immergrüne Gehölz ist nicht sehr hoch, irgendwo blitzt das klare Wasser einer Quelle. Nicht weit von der Teehütte steht eine hohe Steinlaterne, die an einen alten, aufgelassenen Shintō-Schrein erinnern soll und das Gefühl der Einsamkeit vertieft. Viele Formen und Pfade fand man für den japanischen Garten, doch führen sie alle auf eines hin, auf eine Landschaft, eine Landschaft als Kunstwerk.
Als wir uns zum Gehen wenden, sind wir längst nicht mehr allein. Eine Gruppe von Frauen kam gerade an. Ihre schuhlosen Schritte schleifen auf den Bohlen der Veranda. Sie lauschen den Erklärungen des fröhlichen Priesters; eine Familie gesellt sich hinzu. Der Priester versteht es, seine Besucher zu fesseln, ein Lachen steigt auf. Vorsichtig schieben wir uns an den auf der Veranda sitzenden Frauen vorbei. Die Sonne fällt nun voll auf den Tempel und malt mit den Schatten der umstehenden Bäume schwarze Zeichen auf den weißen Sand. Vorne, am Eingang, wartet eine ganze Schulklasse.

Das Hausgärtchen (das der Holländer, als fremder Gefangener, einziges Vergnügen ist) beschließt die ganze Breite des Hinterhauses, ist viereckig, mit einer Hintertür und weißen Mauern oder Wänden wie ein Kump eingefaßt, daher es Tsubo, welches soviel wie ein großer Kump oder Wassertrog heißt, genannt wird. Alle vornehmen Häuser und Herbergen sind damit versehen. Wo der Raum zu dessen Anlage etwa zu eng ist, da findet man wenigstens einen gepfropften alten Pflaumen-, Kirsch- oder Aprikosenbaum, der für desto edler, kostbarer und werter gehalten wird, je älter, krummer und ungestalteter er ist. Diese Bäume sind oft durch die Länge des Raumes horizontal geleitet, geschoren und bis auf ein oder zwei Äste gestutzt, damit sie größere Blüten tragen. Sie geben alsdann zu ihrer Zeit diesem Winkel mit ihren fleischfarbigen doppelten und unglaublich vollen Blüten das herrlichste Ansehen, tragen aber keine Früchte. In einigen Wirtshäusern, wo gar kein Hinterraum vorhanden, ist doch in dem Innern des Gebäudes ein offener heller Platz gelassen und dieser dann mit einem Wasserkump, in welchem bisweilen kleine gold- und silberfarbige Fische sind, einem oder zwei seltenen Bäumen und adonischen Blumentöpfen besetzt, oder es sind auch einige Zwergbäume dahin gepflanzt, deren Wurzeln durch und über die Bimssteine ausschlagen und ihre Nahrung aus bloßem Wasser, worin dergleichen Klippen stehen, ohne Erde haben. Vor den Türen gewöhnlicher Häuser sieht man diese Zwergbäume gleichfalls zu Lust und Zierat ausgesetzt.

(Engelbert Kaempfer, 1691)

Landschaften wie Gärten, Gärten wie Landschaften. Wollten die alten Japaner einen Garten bauen, zogen sie nicht selten hinaus in die Berge, ans Meer, um dann das, was sie gesehen, im Garten nachzugestalten: Berge und Seen, die Meeresküsten. Realistisch und natürlich sollte es wirken, doch nicht als Miniatur. So nahm man einige Elemente zurück, während man andere deutlich betonte, so daß sich die realistischen Größenverhältnisse verschoben. Das gilt für die Betrachtungsgärten vor der Veranda, doch auch für die großen Fürstengärten im Umwandelstil. Das schönste Beispiel findet sich im Garten der kaiserlichen Villa Katsura, eine Reminiszenz an die ornamental geschwungene, reich mit Kiefern besetzte Landzunge von Amanohashidate. In Tōkyō, im großen Kōrakuen-Park, baute man in gleicher Weise den chinesischen Westsee mit seinem Damm nach und den romantischen Ōi-Fluß bei Kyōto, wo sich einst viele Adelsresidenzen befanden. Auch draußen in der Provinz legten sich die Fürsten große Parks an, wie sie ihren Sehnsüchten entsprachen. Im Süden in Kumamoto auf Kyūshū stellte einer im 17. Jahrhundert in seinem Park, der heute dem Suizenji-Tempel gehört, sogar den Berg Fuji-san mit seiner ganzen Gebirgskette dar. Künstliche Hügel wurden aufgeschüttet, Steine gruppiert und Buschwerk so geschnitten, daß es die Form von Bergen und Felsen annahm, ein wichtiges Element der Gartengestaltung. In manchen Gärten erhielten sie zuweilen monumentale Ausmaße wie im Garten des Sommerpalastes Shūgakuin in Kyōto, wo ganze Abhänge damit angelegt wurden, während im Shisendō-Tempel, ehemals eine Gelehrtenklause, das geschnittene Buschwerk sich wie Plastiken der Minimal-Art türmt.

Zu den morgendlichen Pflichten eines Novizen im Zen-Kloster gehört es, gerade wenn die Sonne ihre ersten Strahlen über die Baumwipfel sendet, mit breitem hölzernem Rechen tiefe Furchen in den Kies des Gartens zu ziehen. Für diese Zen-Mönche ist es ein Wesentliches, die Verbindung mit dem Alltag aufrechtzuerhalten, harte Arbeit und Mühen

nicht zu scheuen, nur so können sie ihre innere Lebendigkeit bewahren. Auch hier in den alltäglichen Verrichtungen ist die Lehre des Zen verborgen, und keine Arbeit ist dafür zu niedrig. Im 9. Jahrhundert stellte der chinesische Mönch Pai-chang Regeln auf, die noch heute gültig sind und ein demokratisches Gemeinwesenentstehenließen. „Ein Tag ohne Arbeit ist ein Tag ohne Essen", lautete eine von ihnen.

Kosmos gewordene Gestalt der Gärten, Schritte auf dem Weg zum Wesentlichen. Zen und Kunst stehen sich nahe, und Garten ist Kunst. Der große Zen-Philosoph Shinichi Hisamatsu stellte sieben Charakteristika der Zen-Kunst zusammen, die Gärten drücken sie aus:
Asymmetrie: Die allgemeine Eleganz soll überwunden werden – offene Balance.
Einfachheit: rein, offen, naiv, unbedacht, unsorgfältig, keine behindernden Dinge, Reduktion.
Kostbare Einfachheit: schmucklos, erhaben, altern, reif werden, das Knochengerüst sichtbar machen. Nicht Sterben, sondern Vollendung der Dinge, Sorglosigkeit und Hochherzigkeit.
Spontane Natur: nicht gekünstelt, nicht unnatürlich, ohne Absicht, aber auch nicht angeboren sein, sondern mit Schöpferwillen und Erfindungsgeist, „wirkliche Natur verneint die bloße Natur".
Unergründliche Tiefe: Anmut, vornehm zurückhaltend – nicht das Ganze unverhüllt ausdrücken, sondern im Inneren zurückhalten. Durch das Nicht-Dargestellte die Unendlichkeit ausdrücken – Grazie und ruhige Tiefe.
Überwindung der Welt: Weggehen aus der irdischen Welt, nicht gebunden sein an eine Sache, Buddha oder Gott.
Reine Stille, nicht geräuschvoll: die Stille in der Bewegung, gleich der Musik im Nō-Spiel. – Dem liegen die sieben Charakteristika des Zen selbst zugrunde. Aus ihnen hat sich diese künstlerische Haltung entwickelt.
Ohne Regel oder Gesetz: die Form vernichtend vereinfachen, frei von der vollkommenen Form.
Nicht-Gestalt-habendes Ich: Die Kompliziertheit der Welt als Einfachheit sehen, doch nicht als eine einfache Einfachheit, sondern wie die komplizierte Einfachheit der Decke eines Teepavillons.

Ohne Rang: nicht gefesselt von einer bestimmten Position.
Nicht-verhaftet-Sein, nicht denken: nicht gekünstelt, etwas, so wie es ist, doch nicht einfältig, sondern wesentlich.
Ohne Boden: das Unergründliche, gleich der „unergründlichen Tiefe", die sich nicht in Form ausdrücken läßt.
Vom Irdischen frei, unweltlich: Abstrakt, indem es, alle Form enthaltend, frei von allem ist, kann es alle Form haben, da es absolut keine Form hat.
Nichtbewegung; das Ich, das nicht bewegt ist, da es in sich bewegt ist: die Stille des Zen, was der reinen Stille entspräche. –
Der japanische Garten hat vielerlei Gestalt, doch immer stellt er Landschaft dar. Über ihr Bild hinaus zeigt er nicht-gestalthabende Gestalt von unergründlicher Tiefe.

Natur
Bonsai

自然
盆栽

Es war in Tōkyō, Besuch im Haus einer Freundin. Wir wollten schon gehen, als sie plötzlich sagte: Kommt, ich zeig' Euch was, und neugierig folgten wir. Sie führte uns um das Haus herum, es war an einen Hang gebaut, wir stiegen eine kleine Treppe hinauf und standen plötzlich am Dach, das wie eine Terrasse wirkte. Aber wir konnten sie nicht recht betreten: auf einem Holzgestell, das einer kleinen Tribüne glich und das ganze Dach bedeckte, standen, in Schalen gepflanzt, eine kleine Kiefer an der anderen. Ihre Zweige von malerischer Form, asymmetrisch und leicht gebogen, waren sorgsam beschnitten. Die Nadeln glänzten wie Lack, und keine Kiefer glich der anderen. Wenn man lange davorstand, verlor man das Gefühl für die Proportionen und wähnte sich in einem ausgedehnten Kiefernhain; man glaubte schon das Rauschen zu hören.
Der Vater der Freundin war ein Liebhaber der Bonsai, des „in der Schale Gezogenen", und hatte kostbare Stücke auf seiner „Terrasse" gesammelt; er war sehr stolz darauf.

Bonsai zu ziehen ist eine sehr alte Kunst. Sie kam einst von China herüber, ist in Japan aber bereits seit dem 12./13. Jahrhundert bekannt. Man kann es auf alten Bildern sehen. Manche dieser Exemplare aus dieser frühen Zeit könnten sogar noch existieren, möglich wäre es schon, solche Bonsai werden sehr alt. Doch es ist eine schwierige Kunst, und es braucht viel Geduld und Technik, Schneiden, Biegen, Binden mit Draht, bis eine kleine Kiefer zur „windzerzausten Föhre auf einsamer Heide" geworden ist. Doch das Bonsai erfreut sich großer Beliebtheit, und es gibt Leute in Japan, die Tage damit zubringen, ihre Bonsai-Pflanzen zu pflegen, zu formen, und manch einer soll darüber schon seinen Beruf vernachlässigt haben.
Man verwendet natürlich nicht nur Kiefern oder andere Nadelhölzer dazu, auch Laubbäume wie Ahorn, Kamelien, Pflaumen und vieles andere.
Von Zeit zu Zeit werden sie stolz in Ausstellungen präsentiert. Selbst Blumen und Gräser kann man zum Bonsai gestalten. In einer Ausstellung war sogar einmal ein Löwenzahn-Bonsai zu sehen, am ersten Tag gelber Stern, am zweiten Tag Pusteblume.
Die in Schalen gezogenen Chrysanthemen dagegen, weitausladende, fächerförmige oder wie bunte Kissen, die im Herbst so häufig ebenfalls in Ausstellungen gezeigt werden, sind wieder eine besondere Kunst, aber nicht weniger beliebt und dem Bonsai nahe, auch wenn die gestalterische Absicht hier etwas anderes bewirken will. Hier kommt es nicht auf eine Darstellung des Natürlichen in einer Verkleinerung an, vielmehr geht es um die interessante Form, und je ungewöhnlicher, desto besser, aber die Grundidee ist doch recht ähnlich.

Als die Bonsai zum ersten Mal in Europa auftauchten, hatten viele große Bedenken. Die Vorstellung, eine Pflanze gewaltsam klein zu halten und in eine bestimmte Form zu zwängen, schien grausam. Mag sein, daß es ein wenig damit zusammenhängt, daß unsere Vegetation gegenüber der japanischen so spärlich erscheint und man möglichst alles so üppig und natürlich wachsen lassen möchte wie nur möglich.
Während man bei der Fülle all dessen, was im feuchten Klima Japans wuchert, eher geneigt ist, gestaltend einzugreifen. Inzwischen ist es aber ja auch bei uns geradezu zu einer Bonsai-Mode gekommen. Vielleicht, daß Hisamatsus Wort von der „spontanen Natur" auch hier und in gewisser Weise zutrifft: „bloße Natur" verfehlt die „wirkliche Natur", sie wird sichtbar erst in der Gestalt. So kann selbst in einem gedrahteten kleinen Ahornbaum etwas vom großen Kosmos spürbar werden.

北岩刻

Wollte man das Wort Bonsai, die japanische Bezeichnung für die kleinen, bei uns so in Mode gekommenen Miniaturbäumchen wörtlich übersetzen, müßte man sagen: „Das in der Schale Gezogene, Gezüchtete oder Kultivierte." *„Bon"* heißt dabei „Schale", *„sai"* das „Gezogene". Das deutet darauf hin, daß es von Anfang an eine Angelegenheit des Gestaltens, eines Gestaltens mit Pflanzen, war, und zwar durch Beeinflussung des Wachstums, doch auch durch Schneiden und Biegen. Das Gestalten beginnt schon mit der Auswahl der Pflanzgefäße. In der Regel sind sie aus Keramik und möglichst flach. Oft benutzt man im chinesischen Stil blauglasierte, aber auch unglasierte und braune kommen vor; häufig sind rechteckige und ovale. Ohne besonderes Werkzeug kann man kein gutes Bonsai ziehen, die übliche Rosenschere ist viel zu grob. Die Bonsai-Schere trennt sehr leicht Zweige und Wurzeln. Die Zange für einen speziellen konkaven Schnitt läßt die Schnittflächen schnell sich schließen. Um den Draht wieder zu lösen, benutzt man ebenfalls eine spezielle Zange, die dem Ast keine Verletzungen beibringt.
Das Ziel, das man mit dem Ziehen eines Bonsai anstrebt, soll zwar das „Bild" eines Baumes von größter Natürlichkeit sein, jedoch kein formloser Wildwuchs. Er muß deshalb nicht nur klein gehalten, sondern auf eine besondere Form hin gestaltet werden. Japaner haben dafür bestimmte Typen entwickelt, die die Richtung angeben. Da gibt es den aufrechten Stil, einen geneigten und einen freien Stil, verschiedene Hängeformen, auch waldartige Zusammenstellungen und viele andere Möglichkeiten, Stile und Formen, die von großen Bonsai-Meistern im Laufe der Jahrhunderte erdacht wurden.

Soviel man auch gestaltet, so sollte doch stets das Typische eines Baumes herausgearbeitet werden. Das Aufziehen und Pflegen der Bonsai ist mit sehr viel Arbeit und Aufwand verbunden, und es gehört eine tiefe Liebe dazu, denn ein solches Bäumchen ist ein Lebewesen und nicht nur Material, mit dem man nach Belieben umspringen kann.
Wichtig ist zunächst die Erde. Einfache Gartenerde ist dafür unbrauchbar. Sie muß aus einer Mischung aus Lehm, Sand und Torf bestehen, und zwar zu gleichen Teilen. Der Lehm bestimmt die Konsistenz, der Sand sorgt für Durchlüftung und Durchlauf des Wassers, während Torf die Nährstoffe liefert.
Eine der wichtigsten Arbeiten am Bonsai aber ist das Schneiden. Um eine Grundgestaltung zu erreichen, beginnt man mit den Ästen. Sind im freien Wuchs Gleichmäßigkeiten und Doppelungen entstanden, sollte man diese möglichst korrigieren, indem man einen von zwei sich gegenüberstehenden, direkt übereinander oder auf gleicher Höhe wachsenden Ästen dicht am Stamm abschneidet. Auch „unordentlich" wachsende Äste, also solche, die quer zum Stamm oder nach unten wachsen, sollten entfernt werden. Der Schnitt muß sehr vorsichtig, ein wenig aushöhlend erfolgen.
Zeigt die Bonsai-Pflanze neue Triebe, wäre auch hier, so leid es einem tun mag, mit der Schere gestaltend einzugreifen, sonst gerät der Bonsai leicht außer Form, denn das Wachstum würde sich dann nur auf die Spitzen konzentrieren, die inneren Zweige würden absterben. Nur dort, wo sich die Form weiterentwickeln soll, müssen die Triebe stehenbleiben oder doch wenigstens teilweise. Bei manchen Pflanzen entstehen für ein Bonsai viel zu große Blätter, das ergibt dann formale Mißverhältnisse; deshalb sollten die großen Blätter immer entfernt werden, auch wenn die Krone zu dicht geworden ist, die Luft könnte sonst nicht richtig zirkulieren. Zeigen sich aber insgesamt zu große Blätter, so bleibt nichts anderes übrig, als sie, wenn sie ganz ausgetrieben sind, vollständig zu entfernen, natürlich mit der Blattschere. Der kleine Baum treibt dann ein zweites Mal, aber sehr viel kleinere Blätter.
Der berühmte Wurzelschnitt kann natürlich nur beim Umtopfen ausgeführt werden. Ist die Pflanze noch jung, sollte etwa ein Drittel zurückgeschnitten werden, später genügen wenige Zentimeter. Bei einer alten Pflanze ist es kaum noch nötig, die Wurzeln zu beschneiden, da sie sich sozusagen bereits daran gewöhnt hat, nur kleine Wurzeln zu bilden. Hat man mit dem Schneiden noch nicht die vorgestellte Form erreicht, muß man zum Kupferdraht greifen, um durch vorsichtiges Umwickeln und anschließendes Biegen die entsprechende Form zu erhalten. Auch durch Herab- oder Aufbinden der Äste, wie es bei Gartenbäumen vorgenommen wird, kann man, gleich einem Bildhauer, gestaltend wirken. Um diese gestalteten Naturkunstwerke zu pflegen, muß man sie alle paar Jahre umtopfen, auch die Erde ab und zu erneuern und manchmal sogar die Schale wechseln. Natürlich ist Gießen wichtig, die Bonsai müssen ausreichend feucht gehalten werden, doch dürfen ihre Wurzeln nicht im Nassen stehen, sie würden sonst faulen. Schließlich ist auch Düngung wichtig. Das alles beachtet, wird das Bonsai es mit einer vollkommenen Naturgestalt lohnen.

Dem Stein, Gerüst der Erde und Sitz der Gottheit, wenn sie auf Erden sich manifestiert, wird tiefe Verehrung entgegengebracht, doch auch seiner Schönheit große Bewunderung. Als Gartenstein, vollkommen unbearbeitet, sieht man in ihm eine ganze Landschaft. Hier gilt die Aufmerksamkeit den natürlichen Formen und Texturen. Anders

Stein.
Vom Regen naß.
Verlassen.
Ein Stein.
Jahrmillionen-Speicher.
Stumpf gleißend.
Im Nebel.
(Shimpei Kusano, 1943)

beim Stein, den man im Haus aufstellt. Er wird sorgfältig poliert, um die Lebendigkeit seiner Oberfläche, das helle Adergeflecht sichtbar zu machen. Doch auch als Schmuckgegenstand bleibt er noch Stein.

Religion

宗教

Sie hatte versprochen, uns mit ihrem Vater bekannt zu machen, einem bedeutenden buddhistischen Priester und Oberen eines großen Tempels. An der Bushaltestelle holte sie uns ab, denn es waren von dort noch etwa zehn Minuten zu gehen. Der Weg führte am Fuß eines Hanges entlang, der parkartig mit alten Bäumen bestückt war. Nach wenigen Schritten wurden wir eines *tori'i*-Tores ansichtig, und dahinter konnte man die steilen Dächer eines Shintō-Schreines erkennen. Unsere Begleiterin zögerte ein paar Sekunden und verneigte sich leicht zum Schrein hin. Dann meinte sie, und dabei lächelte sie ganz leicht: „Ich weiß nicht, aber ich habe das Gefühl, daß ich, so oft ich vorbeigehe, dieser Gottheit einfach meine Verehrung erweisen muß." Und als sie merkte, daß wir sie wohl etwas fragend ansahen, fügte sie hinzu: „Nein, mit meiner Herkunft aus dem buddhistischen Tempel hat das nichts zu tun. Ich meine, das ist kein Abwenden von der Lehre Buddhas. Unsere Gottheiten und Buddha schließen einander nicht aus, sie sind gewissermaßen die beiden religiösen Elemente unserer geistigen Welt, die sich gegenseitig ergänzen; wir können das durchaus in uns vereinen, es ist ganz natürlich."

Es war die kürzeste und dabei eindrucksvollste Lektion über das japanische religiöse Verhalten. Diese Polarität beider Religionsformen, des Buddhismus und des Shintō oder Götterweges, die eine Ergänzung bedeutet, hat sich bis heute erhalten. Es hat sogar Jahrhunderte gegeben, in denen beide eine enge Symbiose eingegangen waren. Man nannte das Ryōbu-Shintō. Der Anfang – er lag im 8. Jahrhundert – war, daß sich die Sonnengottheit Amaterasu zu einer Inkarnation des Vairocana-Buddha, des Licht-Buddha erklärte, nachdem man ihrem Schrein eine buddhistische Reliquie gebracht hatte, um von ihr die Hilfe bei der Goldsuche zur Vergoldung der sechzehn Meter hohen Statue des Großen Buddha Vairocana im Tōdaiji-Tempel in Nara zu erwirken – so jedenfalls die Legende. Daraus entwickelte sich schließlich eine Bewegung zur Buddhisierung shintōistischer Gottheiten. Sie wurden zu Schutzgottheiten der Tempelanlagen, die oft buddhistische Tempel wie shintōistische Schreine gleichermaßen umfaßten. Das hielt bis zum Ende des 17. Jahrhunderts an, dann erst suchte man den reinen „Götterweg" wiederherzustellen, was in der imperialistischen Zeit zum Staats-Shintō führte. Nach 1945 wurde dieser abgeschafft, und eine solch enge Symbiose gingen Buddhismus und Shintō nicht wieder ein. Aber die Empfindung, daß diese beiden Glaubensformen die beiden Seiten oder Pole einer Sache, des religiösen Empfindens des Japaners sind, ist geblieben.

Historisch gesehen muß man den Shintō – den Götterweg – als die angestammte Religion Japans bezeichnen, obgleich er keinen einheitlichen Ursprung und auch keine einsträngige Entwicklung aufzuweisen hat. Hier vereinen sich mythologische Vorstellungen mit der Anbetung einer von Geistwesen belebten Natur und einer Ahnenverehrung. Zentrum bilden die Gottheiten *kami*. Ursprünglich soll man damit nur die Vorstellungen „Oben", also wohl die Gottheiten „oben" in einem Himmel, verknüpft haben. Mit der Einführung der Schrift wurden Geistwesen daraus, die sich in den Naturerscheinungen manifestieren, im Berg, im Baum, im Wasserfall, im Felsen. Viele Adelsfamilien führten in den frühen Epochen ihren Ursprung auf die Gottheiten des mythischen Zeitalters zurück, die dann auch zu Schutzgottheiten der ganzen Gegend wurden. So kam es, daß die Schutzgottheit des Kaiserhauses, die Sonnengottheit Amaterasu, als Schutzgottheit der ganzen Nation verehrt wird. Aus dem Ahnenkult entstand der Brauch, große Persönlichkeiten, Krieger oder geistige Heroen zu Gottheiten zu erklären.

So wurde zum Beispiel einer der frühen Kaiser, Ōjin-tennō (3. Jahrhundert), zum Kriegsgott Hachiman, und Sugawara Michizane (845–903), zuletzt Kanzler zur Rechten, zum Gott der Schreibkunst, der Literatur und der Wissenschaft. Noch heute beten besonders die Studenten und Schüler zu ihm um gute Examina. Es ist sicher nicht ganz falsch, diese Gestalten mit unseren Heiligen zu vergleichen.

Das wichtigste Element des Shintō-Glaubens ist die rituelle Reinheit, sie herzustellen ist oberstes Gebot. So darf man sich auch nicht dem heiligen Bezirk nähern, ohne sich Hände und Mund zu reinigen. Alle Riten wie das Reiskosten, das wichtigste Fest im shintōistischen Jahresablauf, die Fürbitten um gute Ernte und die Erntedankriten sind mit Reinigungszeremonien verbunden. Zur Verehrung der Gottheit sprechen die Priester die großen Gebete *norito*, poetischen Gesängen gleich, und reichen Opfergaben dar, heute vor allem Reiswein, Früchte, Reis, Salz. Ganz zu Anfang war der Kaiser alleiniger Priester, und an der Spitze der großen Schreine von Ise und Kamo standen kaiserliche Prinzessinnen. Später ließ der Kaiser sich durch Priester vertreten, deren Stand dann erblich wurde und in die Hände einzelner Familien überging.

Im Mittelalter dominierte der Buddhismus, erst mit der shintōistischen Erneuerungsbewegung erlangte der Shintō seine Selbständigkeit wieder. Obgleich der Staats-Shintō verboten ist, blieb der Kaiser Oberster Priester des Ise-Schreins. Neben dem Staats-Shintō hat es schon immer unabhängige Schulrichtungen gegeben, die noch heute lebendig sind und das Shintō-Leben bestimmen.

Intellektuell mag für Außenstehende der Shintō oder Götterweg nicht so ganz leicht nachzuvollziehen sein, obgleich doch manches gar nicht so fremd anmutet. So trägt man zum Beispiel – wie bei uns zur Taufe – die Neugeborenen zum Schrein, um sie dem Schutz der Gottheit anzuempfehlen. Da stehen dann die Großmütter, begleitet von der jungen Mutter, halten das Baby, mit einem prächtigen kleinen Kimono mehr umhängt als bekleidet, auf dem Arm vor dem Priester, der allerdings nun statt Taufwasser – ein Name wird ja nicht verliehen – den Schutzwedel über ihm schwenkt, und die gleiche Freude liegt auf allen Gesichtern – gelegentlich schreit das Baby auch.

Doch erst draußen in den Bergen, in einem Hain hoher Kryptomerienbäume, wo eines jener *tori'i*-Tore aus Stein oder rotlackiertem Holz den heiligen Bezirk ankündigt, spürt auch der Fremde etwas vom Wirken, von der Kraft dieser Geistwesen. Er spürt es besonders deutlich dort, wo kein prächtiges Schreinsgebäude das Vorstellungsvermögen verstellt, wo der Berg selbst das eigentliche Heiligtum ist. Dort am Miwayama-Berg bei Nara wird das Gefühl ganz intensiv – der Berg in der Stille des Hains, die Felsen als Göttersitze, hier ist die Gottheit manifest.

Als der Buddhismus 552 offiziell nach Japan kam, war er, im 6. Jahrhundert vor Christus in Indien entstanden, schon mehr als tausend Jahre alt. Der Buddhismus ist kein Dogma, auch keine Kirche in unserem Sinne. Er ist eine Lehre und in vielfacher Hinsicht und in verschiedenen seiner Formen eine Philosophie, deren unabdingbare Prämisse die Vorstellung von der „Wandelbarkeit alles Existierenden" ist. Wohl geht diese Lehre auf einen Begründer, den vor etwa 2500 Jahren in Indien lebenden Prinzen Gautama mit späterem Ehrennamen Buddha, d. i. „der Erleuchtete", zurück, aber der Buddhismus ist doch mehr von übergeschichtlicher Bedeutung; der Bedeutung einer „seit je bestehenden, immer wieder von neuen Buddhas verkündeten Universalreligion" (Glasenapp). Aus der Lehre Gautama Buddhas sprossen die verschiedensten Zweige in verschiedene Richtungen. Von den grundlegenden Lehren aber sind die Lehren des Hinayana-Buddhismus der weltentsagenden Arhat-Heiligen und des Mahayana-Buddhismus mit den aktiv helfenden Bodhisattvas die bekanntesten. Zunächst gelangte der Buddhismus etwa zwischen dem 2. und 3. Jahrhundert nach China und schließlich von dort über Korea auch nach Japan.

Zwar nimmt man das Jahr 552 für die Übermittlung des Buddhismus in Japan als Fixdatum an, Berührungen mit dieser Lehre gab es sicher aber schon vorher. Grundlage bildete, wie für ganz Ostasien, der Mahayana-Buddhismus und das Diamant-Fahrzeug mit esoterischen Riten. In Japan entwickelten sich dann wiederum daraus neue Lehren und Schulen, deren Inhalte manchmal recht gegensätzlich sein können. Trotzdem sollte man sie nicht als Sekten bezeichnen, da ja in diesem System ohne Dogma keine Häresie möglich ist. So hatten sich im Laufe der Jahrhunderte an die zwanzig allein wichtige Schulen herausgebildet; manche entstanden sogar erst in jüngerer Zeit, die die verschiedensten religiösen Praktiken und Denksysteme ermöglichten.

Man verehrt Amida als den Herrn des „Reinen Landes des Westens", des Paradieses, erhofft sich Hilfe durch rezitativisch flehende Anrufung des gleichen Buddha, läßt geheimnisvolle Feuerriten vollziehen und sucht in verschiedenen Formen der Meditation die Freiheit von allem Existierenden zu erreichen. Die Zen-Lehre, die im Westen so gern mit dem Buddhismus gleichgesetzt wird, ist nur eine dieser großen Richtungen, wenn auch für die geistige Entwicklung Japans wie für seine ästhetische und kulturelle von außerordentlicher Bedeutung.

Nachdem sich der Buddhismus in Japan nach seinem ersten Erscheinen zunächst nicht so rasch durchsetzen konnte, erreichte er bereits im 8. Jahrhundert seinen ersten Höhepunkt, wie sich noch heute an den Tempelbauten, den Schriften und vor allem der kultischen Kunst deutlich ablesen läßt. Damals etablierten sich besonders zwei Schulen: die Tendai- und die Shingon-Schule. Der Oberste Priester der letzteren war Kukai (774–835), einer der großen Lehrer der japanischen Nation. Viele wurden zu jener Zeit Mönch, vom Kaiser bis zum einfachen Volk. Die Tempel waren außerordentlich stark und politisch recht einflußreich. Dies soll übrigens einer der Gründe gewesen sein, warum man Ende des 8. Jahrhunderts die erste feste Hauptstadt, am Platz des heutigen Nara, aufgab und an den Kamogawa-Fluß zog, wo man die neue Hauptstadt Kyōto – damals wurde sie jedoch Heian-Kyō, Hauptstadt des Friedens, genannt – errichtete. Dort versuchte der Kaiserhof die Macht der Tempel und ihrer Mönche von vornherein einzudämmen, was jedoch wenig erfolgreich war. Die Macht der Klöster, die sich auch Mönchsheere hielten, war immer noch stark.

Mit der Entwicklung des Schwertadels im 12./13. Jahrhundert ging eine religiöse Erneuerung einher. Damals trat Nichiren auf, der leidenschaftlich versuchte, eine neue Glaubensgrundlage für die vielen verschiedenen Schulen zu finden und gleichzeitig das Reich, das in blutige Unruhen gestürzt war, zu befrieden. Schließlich gab ihm das Lotos-Sutra die Wahrheit, die er suchte. Die feierliche Anrufung des „Guten Gesetzes des Lotos-Sutra (Myōhō Rengekyō)" ließ ihn „die absolute Wahrheit von Himmel und Erde erkennen". Noch heute hat Nichiren viele Anhänger. An seinem Todestag sieht man an den ihm geweihten Tempeln lange Lichterprozessionen, die mit rhythmischem Rufen „Myōhō Rengekyō, Myōhō Rengekyō" das Tamburin schlagen.

Vor allem aber erhielt damals durch den Ritteradel der Zen-Buddhismus einen neuen Aufschwung. Die wichtigsten Zen-Schulen entstanden in diesen Jahrhunderten. Die Rinzai-Schule, 1191 von dem Mönch Eisai (1141–1215) gegründet, ist eine von ihnen. Zu ihr gehören einige große Tempel von Kyōto wie der Nanzenji, der Daitokuji und der Tenryūji. Der Stifter der zweiten großen Zen-Schule, der Sōtō-Schule, war Kigen Dōgen (1199–1253), Philosoph und großer Dichter. 1227 hatte er seine Lehre etabliert. Es ist eine geistig sehr streng geführte Schule, die in den religiösen Erneuerungsbestrebungen eine wichtige Rolle spielt. Der Eiheiji-Tempel in Echizen, neben dem Sōjiji in Noto einer der Haupttempel der Sōtō-Schule, zieht in steigendem Maße Gläubige an. Auch die Touristen, die nur die schöne, wie in einem tiefen Wald hoher alter Bäume gelegene Tempelarchitektur bewundern wollen, werden heute eindringlich darauf hingewiesen, daß sie sich an einem religiösen Ort befinden.

Eine dritte, heute ebenfalls noch sehr einflußreiche Zen-Schule kam mit der Ōbaku-Schule erst im 17. Jahrhundert dazu. Sie geht auf chinesische Mönche zurück, die einst aus China flohen, sich zunächst in Nagasaki ansiedelten und schließlich ihren Haupttempel, den Mampukuji, in Uji bei Kyōto errichteten. Die kräftige Struktur seiner Architektur, ihre strenge Gliederung mit geraden Linien und Flächen, steht in einem interessanten Gegensatz zum benachbarten, um fünfhundert Jahre älteren Byōdōin-Tempel mit seiner leichten, fast filigranen höfischen Architektur. Die Ōbaku-Mönche haben zahlreiche Schreibmeister hervorgebracht und die japanische Schreibkunst durch einen neuen Stil bereichert.

Bis ins 17. Jahrhundert vermochten die Klöster auch ihre politische Machtstellung zu halten. Erst zu diesem Zeitpunkt wurde ihnen von den Einigern des Reiches, insbesondere von Oda Nobunaga und Toyotomi Hideyoshi, ein Teil ihrer Privilegien genommen, doch als geistige und kulturelle Zentren blieben sie weiterhin einflußreich. Durch eine nunmehr wissenschaftlich ausgebildete Priesterschaft wurde das Leben im Tempel auf eine erneuerte geistige Grundlage gestellt.

Die Zeit nach dem Zweiten Weltkrieg brachte den Tempeln durch eine durchgreifende Bodenreform große äußere Schwierigkeiten. Aber dank der reichlichen Spenden der Gläubigen konnten sie recht gut überwunden werden. Wenn auch die Eintragungspflicht der Bürger in einen Tempel, die lange Zeit bestanden hatte, aufgehoben war, so hatte sich doch so etwas wie eine Anhängerschaft gebildet. Außerdem besitzen die Tempel in der Regel wertvolle Kunstschätze und Gärten, die sie, ein kleines Eintrittsgeld erhebend, Gläubigen wie Kunstinteressierten zugänglich machen. Viel wichtiger noch als die Präsentation ihrer Kunstschätze ist aber ihr Wirken für ihre „Mitglieder". Für sie kümmern sie sich um die in Japan so bedeutsamen Totenfeiern mit Zeremonien und gemeinsamem Mahl und unterhalten Friedhöfe. Aber vor allem sind sie für jeden einzelnen da, der sich ihrem Tempel verbunden fühlt mit Riten, Sutrenlesungen und dem Gespräch. Ein buddhistischer Priester hat heute nicht selten die Aufgabe eines Psychotherapeuten und half schon manche seelischen Konflikte lösen bis hin zu Ehe- und sonstigen Familienproblemen.

Gelegentlich übernehmen die Tempel auch ganz konkrete, höchst „weltliche" Aufgaben, die für sie aus einfachen Gründen, nämlich der Finanzen wegen, da sie keine öffentlichen Zuwendungen erhalten, notwendig sind. In Kyōto zum Beispiel, der Seidenstadt, finden jedes Jahr im Herbst und im Frühjahr große Kimono-Schauen statt. Denn die Tempel haben oft noch zahlreiche Nebenräume und -hallen, die sie für Kimono- und Seidenausstellungen zur Verfügung stellen: Welche Farbenpracht entwickelt sich dann in den oft mit dunklen Hölzern ausgestatteten altehrwürdigen Tempelhallen, als hätten sich Schmetterlinge hereinverflogen, sie bringen ein wenig Unruhe, aber stören nicht. Etwas anderes ist es noch mit den Studenten. Manchmal gibt es ganze Nebenhäuser oder ausgebaute Speicher auf einem solchen Tempelgelände. Diese Räumlichkeiten werden gerne von Studenten bewohnt und zu einer Art freiem Studentenheim genutzt. Jeder sorgt da für sich allein, darf aber in der großen Tempelküche kochen, wenn er mag. Nur manchmal ruft die Frau des Priesters alle zusammen, nämlich immer, wenn sie von irgendeinem ihrer „Anhänger" etwa ein Dutzend Hühnchen zum Geschenk erhalten hat, dann macht sie daraus ein richtiges Familienfest, und jeder ist eingeladen, fast wie einst in einem evangelischen Pfarrhaus auf dem Land. Manchmal muß der Priester auch als „Vater" oder väterlicher Freund fungieren. Zu jener Zeit zum Beispiel, als die Studentenunruhen auch die Kyōto-Universitäten erfaßte, wo es naturgemäß die meisten Tempel-Studentenwohnheime gibt, konnte es schon vorkommen, daß ein solch junger „Tempelbewohner" Schwierigkeiten bekam, dann ließ ihn der „Tempel-Vater" nicht hängen und holte ihn, wenn es nötig war, auch vom Polizeirevier ab.

Manchmal klagt die buddhistische Priesterschaft über Nachwuchsmangel. Doch im Laufe der Jahre scheint sich das geändert zu haben, zumal es nicht unbedingt eine lebenslange Sache sein muß, im Kloster zu leben. Aber es ist sicher nicht leicht, sich ernsthaft für ein buddhistisches Leben zu entscheiden, gerade die Zen-Lehren verlangen sehr viel, geistig wie körperlich, und doch ist es nicht nur die Geborgenheit des Klosters, die in Japan noch immer junge Leute veranlaßt, den Buddha-Pfad zu betreten.

Religion
Shintō

宗教神道

Im Jahre 711 erhielt der Gelehrte O no Yasumaru den Befehl, die „Alten Begebenheiten", das Kojiki, niederzuschreiben. Dabei stützte er sich auf ältere Aufzeichnungen und mündliche Überlieferungen. Es wurde eine erste, natürlich mythologisch bestimmte Geschichte der japanischen Religion des Shintō, eine „Genealogie" der Gottheiten und eine Schöpfungsgeschichte des japanischen Reiches. Am Anfang stand ein ständiges Werden und Vergehen. Götter tauchten auf und verschwanden wieder, einzeln und als Paare, bis das letzte Urpaar Izanagi und Izanami zu Schöpfern der japanischen Inseln ausersehen wurde. Die Himmelsgottheiten befahlen dem göttlichen Geschwisterpaar, von der Schwebenden Himmelsbrücke aus mit einem Edelsteinspeer die Salzflut zu schlagen, bis sie sich zu Tropfen verdickte. So entstand die erste Insel.
Nun stiegen Izanagi und Izanami hinab und zeugten einen Sohn, der aber mißriet, da sie „zuerst gesprochen". Der zweite Schöpfungsakt gelang, und die großen Inseln und weitere Gottheiten wurden geboren. Doch bei der Geburt des Feuergottes starb Izanami. Izanagi folgte ihr schmerzerfüllt in die Unterwelt, um sie dem Schattenreich zu entreißen, vergeblich. Auf die Erde zurückgekehrt, suchte er sich zu reinigen. Dabei erstanden neue Gottheiten. Aus Izanagis linkem Auge entsprang die Sonnengottheit Amaterasu, aus dem rechten die Mondgottheit Tsukiyomi und aus der Nase die Sturmgottheit Susano-o. Man nimmt an, daß Amaterasu die vom Süden gekommenen Eroberer bedeutete und der Sturmgott die am Ort etablierte politische Gruppe. Es kam zum Kampf zwischen beiden. Susano-o begann zu toben, Felder zu verwüsten, Bewässerungsdämme zu zerstören und sich unflätig zu benehmen.

Dies kränkte Amaterasu, seine Schwester. Sie zog sich in eine Höhle zurück. Die Welt geriet in Unordnung und versank in Finsternis. Da beschlossen die Götter, sie durch List wieder hervorzulocken. Sie rissen in den Bergen einen *sakaki*-Baum aus, hängten Krummjuwelen daran, Bastbänder und einen von dem Gott Ishikori-dome angefertigten Spiegel – Ishikori-dome wurde damit zum Ahnherrn aller Spiegelhersteller. Den so geschmückten Baum stellten die Götter vor den Eingang der Höhle, dann wurde ein Kübel herbeigeschafft und umgestülpt. Ihn bestieg Uzume, die Göttin des Lachens, und tanzte darauf stampfend mit brüllendem Geschrei, sich die Kleider zerfetzend, einen rasenden Tanz. Die „Achthundert Myriaden Götter" brachen in ein gewaltiges Gelächter aus. Das machte Amaterasu neugierig, sie kam hervor, sah im Spiegel ihr schönes Gesicht als das einer anderen an und trat näher. Schnell verschloß man die Höhle, so ward die Welt wieder hell. Susano-o wurde verjagt und ging nach Izumo. Seine Nachkommen beherrschten Izumo und das Land weithin. Amaterasu wollte nun ihren Sohn Ame no Oshi-Ho-Mimi zur Erde schicken, damit er das Inselreich regiere. Er kam jedoch nur bis zur Schwebenden Himmelsbrücke, sah hinab, fand die Erde zu wild und unruhig und kehrte in den Himmel zurück. Boten wurden ausgesandt, die schließlich die Herren von Izumo auch befriedeten.

Ame no Oshi-Ho-Mimi hatte nun aber gänzlich die Lust zum Herrschen verloren und schlug vor, statt seiner seinen Sohn Ninigi zu schicken. Amaterasu willigte ein und übergab ihrem Enkel die Drei Himmlischen Schätze: Spiegel, Krummjuwelen und das Grasmähe-Schwert.
Als sie ihm den Spiegel reichte, sagte sie zu ihm: „Betrachte ihn so, als wäre er meine Seele, und verehre ihn, als sei er es wirklich." Damit machte sich Ninigi auf den Weg, im Inselreich seine Herrschaft anzutreten.
Er wurde der Ahnherr des japanischen Kaiserhauses, wie seine Großmutter Amaterasu als erlauchte Ahnin verehrt wird, während man die Drei Himmlischen Schätze zu den Reichsinsignien machte. Diese göttliche Ahnherrschaft für das Kaiserhaus ist jedoch durchaus nichts Singuläres, wie schon Ishikori-dome, der der Ahnherr der Spiegelhersteller wurde, verehrt man auch Uzume, die Göttin des Lachens, als Ahnin der *sarume*-Tänzerinnen.

So können sich viele alte Künste auf göttliche Ahnen berufen, es ist eine Frage der genealogischen Perspektive. Betrachtet man diese Mythen einmal ohne heiligen Schauer, ergeben sich deutliche Zusammenhänge und Hinweise auf historische Vorgänge, die auch den Mythen einen gewissen Realitätscharakter verleihen. Für die heutigen Shintō-Vorstellungen ist das Wesentliche jedoch wohl mehr als Legende und Göttermythos. Es ist die mit Geistwesen belebte Natur, sind ihre Kräfte, die es möglich machen, daß alles Existierende sich reinigen kann, frei machen von Schuld, vom Schmutz der Welt. In diesem Sinne ist der Tod die letzte große Reinigung, die alles tilgt, hat aber auch das japanische Neujahr im Jahresablauf eine starke Bedeutung, da es jedesmal den gereinigten Menschen und Dingen einen Neubeginn verheißt.

Ōtaguro wählte zunächst einen Zweig vom Pfirsichbaum aus, den er säuberlich zurechtschnitzte, schnitt dann aus Mino-Papier lange Streifen und befestigte diese an dem Zweig zu einem Opferwedel, um darauf das Anrufungsgebet abzufassen, und zwar in der Weise, daß der Raum für die zustimmende beziehungsweise ablehnende Antwort frei blieb. Schließlich beschrieb er einen Papierstreifen mit den Worten: „Wenn die Absicht besteht, eine Reform der verfehlten Politik dadurch zu erzwingen, daß man sich vor den Verantwortlichen selbst entleibt, so ist das zu billigen", sowie drei andere Streifen mit ebenfalls denselben Worten, jedoch der Schlußformulierung: „... so kann das nicht gebilligt werden", rollte sie einzeln zu Kugeln zusammen und mischte sie und warf sie auf ein kleines Fußtablett, und zwar so, daß nicht zu erkennen war, wo die Zustimmung und wo die Ablehnung lag; hierauf schritt er mit diesem Tablett die Stufen hinter der Gebetshalle hinab und die Stufen vor dem Sanktuarium hinauf, öffnete ehrfürchtig die Heilige Tür und näherte sich auf den Knien dem selbst bei Tage unveränderten Dunkel.
Im Innern des Sanktuariums, auf das die volle Mittagsglut herniederbrannte, war es entsetzlich heiß, das Dämmern erfüllt vom Gesirr der Mücken. Als Ōtaguro unmittelbar hinter der Schwelle den Kopf in einer tiefen Verbeugung senkte, erreichte die Sonne gerade eben noch den Saum seiner weißen Robe.

Zunächst sprach Ōtaguro das Gebet der Großen Reinigung. Der Heilige Spiegel verstrahlte aus der Tiefe des Dunkels hervor einen matten Schimmer.
Ihm war zumute, als wäre das Pochen in seiner Brust in den göttlichen Pulsschlag übergegangen und hallte von den vier Wänden des Sanktuariums wider. Sein ganzer, in dieser Hitze erschlaffter Körper wurde, so schien es, aus dem vor seinen Augen liegenden, mit all seinen Sinnen sehnsüchtig durchdrungenen Dunkel heraus von etwas unsichtbar Klarem, wie eine Quelle Erfrischendem überflutet.
Als Ōtaguro den Opferwedel aufhob und hin- und herbe-

wegte, machten die Papierstreifen daran ein Geräusch wie der Flügelschlag der Tauben. Anfangs schüttelte er ihn reinigend von rechts nach links und von links nach rechts über dem Tablett; dann, innerlich ruhiger geworden, strich er mit dem Wedel langsam und sanft darüber hin.
Von den vier Papierkugeln blieben, als er den Opferwedel fortzog, zwei daran hängen und fielen vom Tablett. Er öffnete sie und hielt sie gegen das Licht von draußen. Zwischen den Knitterfalten des einen Streifens waren deutlich die Schriftzeichen „nicht gebilligt“ zu erkennen. Ebenso verhielt es sich mit dem anderen.
(Yukio Mishima: Unter dem Sturmgott, 1969)

Religion
Buddhismus

宗教
仏教

Daitō Kokushi
1282–1337

Schon als Zehnjähriger ließ er sich in der Tendai-Lehre unterweisen, mit zweiundzwanzig Jahren schloß er sich der Zen-Lehre an. Lange Jahre, nachdem er die Erleuchtung erlangt hatte, führte er ein zurückgezogenes Leben in bewußter Armut, ja als Bettler unter Bettlern, bis er von Gegnern der Zen-Lehre, die das Verbot der Zen-Lehre forderten, mit anderen hohen Zen-Priestern zu einer großen Diskussion aufgefordert wurde. Dies Streitgespräch fand im kaiserlichen Palast statt, und die Zen-Lehre ging als Sieger hervor. Das begeisterte den Kaiser Hanazono-tennō so sehr, daß er eine große Summe Geldes zur Gründung eines Tempels stiftete. So wurde der Daitokuji-Tempel gebaut, ein Tempel von sehr hohem Rang. Daitō Kokushi wurde sein erster Oberster Priester oder Abt.
Daitō Kokushi galt als sehr streng, sich und anderen gegenüber und fast als kämpferisch. Ein berühmtes, im Daitokuji-Tempel aufbewahrtes Porträt, ein Rollbild, zeigt jedoch einen fast sanften, gütig blickenden Daitō Kokushi, vielleicht mit ein wenig Skepsis in den schmalen Augen im rundlichen Gesicht. Seine füllige Gestalt wirkt eher weich und sanft als streng. Wenig ist von seinen Schriften erhalten. Hier wird aus den „Gesetzesworten in *kana*-Schrift", die im ersten Teil für Unbekannte und im zweiten Teil für den Exkaiser Hanazono verfaßt wurden, zitiert.

Ich habe vernommen, daß bei der Übung des „Weges" das Zazen oft nicht in der rechten Weise betrieben wird. Es ist ein arger Irrtum, zu glauben, man könne durch bloßes Dasitzen den „Weg" erlangen und brauche in seinem Herzen auf die Erleuchtung (satori) nur zu warten. Da der „Weg" von den Erscheinungen des Gehens, Wohnens, Sitzens und Stehens völlig unabhängig ist, kann er nicht durch einfaches Dasitzen erworben werden. Und da der „Weg" jenseits von Vergangenheit und Zukunft, Bewegung und Ruhe liegt, fällt einem die Erleuchtung nicht durch bloßes Warten zu.
Als Regel für das Begreifen des Zen-Weges gelte vor allem dies: wer noch Anfänger ist, bemühe sich um das Zazen. Dieses Zazen werde entweder in dem ganzen oder halben Schenkelsitz vorgenommen, die Augen halte man halb geöffnet, und so erschaue man die „ursprüngliche Gestalt" der Zeit, als Vater und Mutter noch nicht geboren waren. Dieses „als Vater und Mutter noch nicht geboren waren" besagt, man betrachte den Zustand, als Vater und Mutter noch nicht am Leben, Himmel und Erde noch nicht geschieden waren und das Ich die Gestalt eines Menschen noch nicht angenommen hatte. So muß die „ursprüngliche Gestalt" in Erscheinung treten. Diese „ursprüngliche Gestalt" ist ohne Farbe und Form, wie etwa der leere Himmel. Der leere Himmel hat keine Form, und aus diesem Grunde heißt es in Buddhas Predigten, Buddha-Körper und Gesetzes-Körper seien wie der leere Himmel. Sowohl Buddha-Körper wie Gesetzes-Körper sind „ursprüngliche Gestalt". Sie sind von Haus aus ohne Namen.

Jemand fragte den Großen Meister Bodhidharma, wo die Hölle sei. Er gab zur Antwort: Es sind die Drei Gifte der Gier, des Zorns und der Torheit in Eurem Herzen! Die Gier sind die Wunschgedanken, die sich an alles klammern, der Zorn, das sind die zornig aufbrausenden Vorstellungen, und die Torheit, das sind die einfältigen Ideen. Eben diese Drei Gifte schaffen das Gesetz von Gut und Böse. Es ist ein Irrtum zu glauben, es existiere irgendwo ein bestimmter Ort der Hölle. – Und auf die Frage, wo sich das Paradies des Reinen Landes befinde, antwortete Bodhidharma: Das Paradies des Reinen Landes kann nicht außerhalb von Euch selbst sein, es liegt in Eurem eigenen Herzen. Die eben erwähnten Drei Gifte sind der Schmutz darin, räumt man ihn weg, so ist das Reine Land da. Dort, wo man die verschiedenen schmutzigen, abwegigen Gedanken beiseite getan hat, liegt das Reine Land. Man kann nicht irgendwo anders den Ort des Reinen Landes suchen.
Jemand fragte den Großen Lehrer Bodhidharma: Alle bauen Mönchsunterkünfte, stellen Buddha-Statuen auf, verbrennen Weihrauch, verneigen sich, betreiben die Übungen zu den Sechs Zeiten und fordern, auf diese Weise Buddhas Weg zu gehen. Hat dies so seine Richtigkeit? Da antwortete Bodhidharma: Die Worte Buddhas umfassen unendlich viele „Kunstgriffe". Die Geschöpfe dieser Welt sind stumpf und minderwertig, und so begreifen sie das wunderbare Gesetz nicht, bauen sie aber Klöster, stellen Buddha-Statuen auf, so gelangen sie dank dieser „Verknüpfungen" zweifellos zu den „wahren Klöstern" und schauen den „wahren Buddha". So

lautete Bodhidharmas Antwort. Dieses „wahre Kloster" ist der Ort, wo Ihr die schmutzigen Gedanken der Drei Gifte beseitigt, die Sechs Wurzeln abgeschnitten, Körper und Geist in völlige Ruhe gebracht habt, innen und außen also gereinigt seid. Dieses ist das „wahre Kloster". Und die verehrungswürdige Hauptstatue dieses Klosters ist der „wahre Buddha", der dann in Erscheinung tritt, wenn man den Buddha des Bewußtseins klar erfaßt hat. Räumt man den Schmutz abwegiger Gedanken fort, so kommt der „wahre Buddha" zum Vorschein. Und falls man, wie der Große Lehrer Bodhidharma sagt, Klöster baut und Buddha-

Statuen aufstellt, so gelangt man dank dieser Verdienste sicherlich zum „wahren Kloster", begegnet dem „wahren Buddha". Den „wahren Buddha" kann man nicht ausserhalb des eigenen Herzens suchen… Es ist, wie es im Kegonkyō heißt: „Die Drei Welten sind ein Bewußtsein, außerhalb des Bewußtseins gibt es kein eigenes Gesetz; Bewußtsein, Buddha und die Geschöpfe: Es besteht kein Unterschied zwischen diesen dreien."
Mag man von „Buddha-Natur", „wahrem Buddha", der „ursprünglichen Gestalt" oder dem „Herrn" sprechen, sie sind ein und dasselbe und haben nur verschiedene Namen. Man darf nicht, weil die Bezeichnungen unterschiedlich sind, jeweils etwas anderes darunter verstehen.
(Aus Kana-Gesetzesworte, 14. Jahrhundert)

Hakuin Ekaku
1685–1768

Hakuin gilt als ein Erneuerer des Zen im 18. Jahrhundert. Auch er trat sehr jung, mit vierzehn Jahren, in den Tempel, den Shōjinji, ein. Schon vier Jahre später begab er sich auf Wanderschaft von Tempel zu Tempel, blieb für ein Jahr bei dem Zen-Meister Etan, bis er schließlich, zweiunddreißigjährig, in seinem Heimattempel zu lehren begann, für Mönche wie für Laien

Er besaß große Geistesschärfe und war für seine Dispute berühmt. Aber vor allem pflegte er das *kōan,* jene paradoxen Fragen, Testfragen, den Fortschritt auf dem Pfad der Erleuchtung zu prüfen. Er legte sie aber nicht nur aus, sondern schrieb sie mit kräftigem Pinsel nieder, indem er Text und Bild zu einem werden ließ wie zum Beispiel die Eisenkeule: „Wer die Eisenkeule fürchtet, der kann ins Paradies!"

Oder er malte ein leichte Brücke, auf der ein Wanderer den Abgrund überquert: „Man sollte einen schmalen Steg über alle Menschen der Welt bauen, damit nur der sie überschreiten kann, der auf die Reinheit seines Inneren bedacht ist."

Berühmt ist auch sein *kōan* vom Ton der Einen-Hand-Hören: „Junge Leute, was ihr redet, ist alles sinnlos, wenn ihr nicht den Ton der einen Hand hört", schrieb Hakuin in Anspielung auf dieses *kōan* auf ein Bild des dickbäuchigen Glücksgotts Hotei, der als buddhistischer Weiser erscheint. Das Zitat stammt aus dem „Orategama", der dreibändigen Sammlung von Briefen an Mönche und Laien.

Für den, der Zen betreibt, ist die Konzentration des Zweifels das Wichtigste, und also heißt es: Unter dem Großen Zweifel liegt das Große Begreifen. Ist der Zweifel genügend stark, so ergibt sich auch genug des Begreifens. Der Priester Bukkwa hat zudem gesagt, am Kōan nicht zu zweifeln, sei wie eine schwere Krankheit... Es hat unendlich viele Menschen gegeben, die bei dem Grübeln über das Zeichen Wu den Großen Zweifel in sich erweckten, den Großen Tod erlebten und dabei unsägliches Glück empfanden. Aber ich habe nur von wenigen vernommen, die durch die Anrufung von Buddhas Namen auch nur einen kleinen Teil dieser Kraft erlangten. Der Bischof von Eshin-in hätte bei seiner Weisheit und Glaubenskraft in ein oder zwei Monaten oder in einem oder einem halben Jahre begriffen, daß er selber eine Verkörperung der „Soheit" sei, hätte er nur über das Zeichen Wu oder die Geschichte mit den drei Pfund Hanf umfassend nachgedacht, aber so konnte er nur durch Verdienste wie die Anrufung von Buddhas Namen und das Rezitieren von Sūtren Glanz in sich entfalten, und hierfür benötigte er vierzig Jahre.

Wenn du zur unverfälschten Wahrheit der Ichlosigkeit vordringen willst, mußt du deinen ganzen Halt aufgeben, um in den Abgrund zu stürzen. Wie neugeboren wirst du dich dann erheben und in dem vollendeten Besitz der vier edlen Eigenschaften: Ewigkeit, Seligkeit, Freiheit und Reinheit, sein, die zu dem wahren Ich gehören. Was bedeutet nun aber: „den ganzen Halt aufgeben"? Nimm an, es sei da ein Mann tief in die Berge hinein gewandert, wohin sich noch keiner gewagt hat; er gelangt an einen unermeßlich tiefen Abgrund, die Steine an seinem Rand sind arg schlüpfrig, und nirgendwo hat der Fuß festen Halt. Der Mann kann schließlich weder vor noch zurück, der Tod blickt ihm direkt ins Gesicht. Seine einzige Hoffnung ist die Ranke, an die sich seine Hände klammern, sein ganzes Leben also hängt allein davon ab, sich an ihr festzuhalten. Ist er nur für einen Augenblick achtlos und verliert den Halt, so stürzt sein Körper in den Abgrund und wird zerschmettert. Ganz ähnlich ist es bei einem, der sich um das Zen bemüht. Packt er ein Kōan nur einhändig an, wird er bald erkennen, daß die Grenze seiner inneren Spannung erreicht ist und er stillesteht. Gleich jenem Mann über dem Abgrund, weiß er sich keinen Rat. Er fühlt sich nicht nur bedrängt und verzweifelt, es steht der Tod selbst vor ihm. Und plötzlich merkt er, wie Geist und Körper ihm schwinden, im gleichen Augenblicke wie das Kōan. Dies ist's, was man unter den Worten „den ganzen Halt aufgeben" versteht. Wenn du aus dem lähmenden Schrecken erwachst und wieder zu atmen beginnst, ist es dir, als trinkest du erfrischendes Wasser und spürst, wie herrlich kalt es ist. Es ist ein unaussprechbares Glück.

(Orategama, 18. Jahrhundert)

Ikkyū Sōjun
1394–1481

Ikkyū stammte aus hohem Haus, und schon früh erkannte man seine außerordentliche Begabung. Bereits als Kind lebte er im Tempel und studierte mit glühendem Eifer. Er war eine sehr gelehrte, warmherzige Persönlichkeit, dabei selbstbewußt, beinahe exzentrisch. Über den Niedergang der Zen-Lehre fast verzweifelt, wollte er Hungers sterben, doch der Kaiser Go-Hanazono-tennō, der Ikkyū sehr schätzte, sprach ihm Trost zu. So konnte Ikkyū es ihm auch nicht abschlagen, Abt des Daitokūji-Tempels zu werden, obgleich er sich lange dagegen sträubte. Berühmt ist Ikkyū als Schreibmeister wie auch als Maler und Bildhauer. Das Zitat stammt aus seinen „Gesetzesworten in *kana*-Schrift":

*„Selbst in den mit dünnen Tuschelinien geschriebenen Briefen vermag die ganze sichtbare Welt vor Augen zu treten. Schon der Anfänger muß sich besonders Im Zazen üben. All die vielen Menschen, die auf Erden geboren werden, gehen einmal in der Leerheit auf. Alles kehrt eines Tages in die große Leere zurück. Und da alle das gleiche, ursprüngliche Wesen haben, nennen wir es Buddha. Buddha-Bewußtsein, das Bewußtsein des Gesetzes, die buddhistischen Patriarchen und die Götter – all dies sind Bezeichnungen, die nachträglich von uns hier geschaffen worden sind. Wer dies nicht begreift, fährt unverzüglich in die Hölle…
Tut die Vorstellung von Euch ab, es existiere ein Selbst. Laßt Euch einfach treiben in dem flüchtigen Wolkenwind, der Euer Leib ist.
Unausweichlich werden alle Dinge leer, und dieses ‚Leerwerden' bedeutet Rückkehr an den Ort des ursprünglichen Seins. Die Ideen, die durch diese oder jene Verbindung in uns entstehen mögen, wenn wir vor einer Wand sitzen, sind ohne Wirklichkeit."*

Nachdem Buddha die Erleuchtung erlangt hatte, war seine erste Tat die Gründung eines Ordens heimatloser Bettler, wandernder Weiser. Sie sollten nichts besitzen als ein Gewand und eine Almosenschale und ein Leben führen in größter Einfachheit. Was ihnen zum Leben nötig, sollten sie von denen erbetteln, denen sie predigten. Doch diese Einfachheit war nicht der Selbstzweck, sie sollte nur von allen Lasten befreien und den Weg freimachen zur Konzentration auf das Wesentliche: die Erleuchtung für sich und andere. Obgleich für die Zen-Mönche die alltägliche Arbeit zu ihrem Leben gehört, haben einige Schulen das Betteln doch beibehalten.

Man kann noch heute an bestimmten Tagen am frühen Morgen Novizen mit der Bettelschale ausschwärmen sehen, in Kyōto wie in Tōkyō und vielen anderen Orten.

Die Philosophie des Tees ist nicht nur Ästhetizismus im Alltagssinne des Wortes, denn sie drückt zusammen mit Ethik und Religion unsere ganze Auffassung von Mensch und Natur aus. Sie ist Hygiene, denn sie zwingt zur Sauberkeit; sie ist Wirtschaftlichkeit, denn sie zeigt die Behaglichkeit eher in dem Einfachen als in dem Vielfachen und Kostbaren; sie ist moralische Geometrie insofern, als sie unser Gefühl für das Verhältnis zum All bestimmt. Sie verkörpert den wahren Geist östlicher Demokratie, denn sie macht alle ihre Anhänger zu Aristokraten guten Geschmacks.
Für die Entwicklung des Teeismus ist die lange, der Selbstbesinnung so günstige Isolierung Japans von der übrigen Welt von großem Vorteil gewesen. Unser Haus und unsere Gebräuche, Kleidung und Küche, Porzellan, Lack, Malerei, ja selbst unsere Literatur – alles das ist seinem Einfluß unterworfen gewesen. Niemand, der die japanische Kultur studiert, könnte je sein Vorhandensein übersehen. Er hat die Eleganz vornehmer Boudoirs durchtränkt und ist in die Hütte der Armen eingedrungen. Unsere Bauern haben gelernt, Blumen zu stecken, und unser einfachster Arbeiter bietet Fels und Wasser seinen Gruß. In unserer Alltagssprache reden wir vom „Menschen ohne Tee in sich", wenn er für die Tragikomik des eigenen Erlebens unempfänglich ist. Dagegen lehnen wir auch wieder jeden unbeherrschten Ästheten ab, der, ohne Rücksicht auf die irdische Tragödie, sich von der Flut seiner entfesselten Gefühle fortreißen läßt, als einen, der „zuviel Tee" in sich hat.
Wohl mag sich der Außenstehende wundern über diesen scheinbaren Lärm um nichts. Welch ein Sturm in einer Teeschale! wird er sagen. Aber wenn wir bedenken, wie klein doch letzten Endes der Becher der menschlichen Freude ist, wie bald von Tränen überfließend, wie leicht von unserem nie zu stillenden Durst nach dem Unendlichen bis auf die Neige geleert, dann werden wir uns nicht über soviel Lärm um die Teeschale beklagen. Die Menschheit hat da schon Schlimmeres getan. Wir haben im Dienste des Bacchus zu frei geopfert, wir haben selbst des Mars blutiges Antlitz verklärt. Warum sollten wir uns dann nicht auch der Königin der Kamelien weihen und uns von dem warmen Strom der Sympathie umspülen lassen, der von ihrem Altar herniederfließt? In dem flüssigen Bernstein, im elfenbeinfarbigen Porzellan mag der Wissende die süße Sprödheit des Konfuzius, die Schärfe des Laotze und den ätherischen Duft des Shakyamuni selbst spüren.
(Kakuzo Okakura: Das Buch vom Tee, 1906)

Man nennt sie „Beispiele der Alten", aber auch „Öffentliche Bekanntmachung", chinesisch: *gung-an,* japanisch: *kōan,* als Hinweis auf ihre höchste Offenbarung und Autorität. Sie sind geeignet, den wahren Geist des Zen sichtbar zu machen. Wer nicht sieht, wird es nicht begreifen, dem geöffneten Auge offenbaren sie das Geheimnis ewiger Wahrheit als Worte, die das Tor zum Leben öffnen. Diese Beispiele der Alten der Tang-Zeit (7.–10. Jh.) wurden in der Song-Zeit (10.–13. Jh.) von chinesischen Zen-Priestern gesammelt und mit Kommentaren versehen. In Japan sind sie noch heute wichtige Grundlage für eine bestimmte Zen-Schule.

Wir legen vor:
Tsui-yän, zum Beschluß der sommerlichen Übungszeit, unterwies seine Hörer mit folgenden Worten:
Den ganzen Sommer über habe ich euch Brüdern zuliebe geredet und geredet. Seht her, ob Tsui-yän noch seine Augenbrauen hat! Bau-fu sagte: Bei Leuten, die das Diebsgewerbe treiben, ist im Herzen alles hohl.
Tschang-tjing sagte: Gewachsen sind sie!
Yün-mën sagte: Sperre!

Wir legen vor:
Ein Mönch fragte Dung-schan: Was ist es mit Buddha?
Dung-schan erwiderte: Drei Pfund Hanf.

Wir legen vor:
Dö-schan kam zum We-schan. Das Wanderbündel unterm Arm, stieg er zur Lehrhalle hinauf, ging von Ost nach Westen durch, ging zurück von West nach Ost, sah sich um, sagte: Nichts da, nichts da! und verließ die Halle. – Hsüä-dou bemerkt hierzu: Durchschaut!
Beim Hoftor angelangt, sagte Dö-schan nun doch: Ich darf auch nicht vorschnell sein. Alsbald machte er sich ordentlich, trat zum zweiten Male ein und meldete sich zum Besuch. Als We-schan Platz genommen hatte, hob Dö-schan feierlich sein Knietuch in die Höhe und redete ihn an: Ehrwürdiger!
We-schan machte eine Handbewegung, als wolle er nach seinem Jakschweif greifen.
Da brüllte Dö-schan: Ho'! klopfte sich die Ärmel ab und ging hinaus. – Hsüä-dou bemerkt hierzu: Durchschaut!
Nachdem Dö-schan der Lehrhalle den Rücken gekehrt hatte, band er sich die Sandalen wieder an, und damit ging er seines Weges. Am Abend fragte We-schan den Vorsitzer der Bruderschaft: Wo ist der Neuankömmling von vorhin?
Der Vorsitzer erwiderte: Der hat dann gleich die Lehrhalle verlassen, sich die Sandalen angebunden und ist hinaus und fortgegangen.
We-schan sagte: Dieser Ehrenmann wird noch einmal den einsamsten Berggipfel aufsuchen, sich oben auf der Spitze eine Binsenhütte flechten und von da aus auf den Buddha schelten und die Patriarchen schmähen. – Hsüä-dou bemerkt hierzu: Auf Schnee noch Reif!
(Bi-Yän-Lu, Meister Yüan-wu'
Niederschrift von der Smaragdenen Felswand, 12. Jahrhundert)

Kunsthandwerk

工芸

Kunstzeitschriften spielen in Japan eine große Rolle. Sie sind außerordentlich vielfältig und beschäftigen sich in gleicher Weise mit klassischer, frühmoderner wie Avantgardekunst. Meist mischen sie alle Epochen und bringen sowohl Westliches wie Ostasiatisches, also Chinesisches, Koreanisches und Japanisches. Dabei wird kein Unterschied zwischen sogenannter hoher Kunst und Kunsthandwerk gemacht – ein Aspekt, der noch des Betrachtens wert sein wird. Doch zunächst fällt etwas anderes auf, jedenfalls dem europäischen Leser, es sind schlicht die Verkaufspreise, die manche Zeitschrift gelegentlich veröffentlicht, auch oder gerade für kunsthandwerkliche Gegenstände, Keramik vor allem oder Lack. Wenn man das zum ersten Mal sieht, glaubt man zunächst seinen Augen nicht trauen zu können oder sich beim Umrechnen der Yen-Preise vertan zu haben. Aber es bleibt dabei: Eine Teeschale kann 30 000, 40 000 Mark kosten, ebenso eine Vase oder eine Dose. Es sind jedoch auch prächtige Stücke, Skulpturen gleich und weit mehr als nur einfache Gefäße, obgleich sie durchaus zum Gebrauch bestimmt sind. Bei Lackgeräten geschieht ähnliches. Der samtene Schimmer eines schwarzen Mehrstufenkastens oder die weichen Konturen einer flachen, edelgeformten roten Schale, so sehr sie bewundert werden, können mit ihren Preisen die europäischen Betrachter nur selten auf Anhieb überzeugen.

Es ist doch nur Lack, und warum soll lackiertes Holz so teuer sein, meinen sie. Erst beim näheren Beschäftigen mit diesen Dingen begreift man dann allgemein doch ziemlich rasch, denn der sanften Schönheit dieser Lacke kann sich kaum jemand entziehen. Vor einiger Zeit stellte ein moderner japanischer Lackmeister seine Arbeiten in einer bundesdeutschen Stadt aus. Die Veranstalter waren skeptisch. Sie selbst liebten diese Arbeiten sofort; ob aber auch andere ihnen würden folgen können? Kurz: die Ausstellung wurde ein voller Erfolg, sogar verkaufsmäßig. Man hatte also doch begriffen, daß es sich um mehr handelte als nur um lackiertes Holz. Beim Lack könnte man allerdings auch denken, daß Material und Technik für den Preis verantwortlich wären. Einmal ist der Naturlack heute sehr kostbar geworden, vielfach wird er aus China bezogen, da japanische Lackbäume nicht so reichlich sind. Dann verwendet man häufig Blattgold und Blattsilber, feingebrochen, geschnitten oder als Pulver, aber auch Perlmutter als Einlage. Die Technik bei Lack ist kompliziert, viele Schichten müssen mit ruhiger Hand über die Grundierung gelegt und immer wieder poliert und geschliffen werden, dreißig bis hundertdreißig können es sein. Soll dekoriert werden, muß der Dekor als Streulack zum Beispiel mit Goldpulver auf die feuchte Lackzeichnung aufgebracht werden. Das erfordert großes Geschick, wie für den Entwurf des Dekors, der nicht selten aus dem starken Kontrast von Schwarz und Gold lebt, großes künstlerisches Feingefühl notwendig ist.

Aber das allein ist es nicht, was diesen und vielen anderen kunsthandwerklichen Gegenständen in Japan soviel Wertschätzung entgegenbringt. Das schöpferische Tätigsein, gleich auf welchem Gebiet, ganz allgemein, genießt hohes Ansehen. Und alle die dabei entstandenen Gegenstände werden nicht einmal auf ein Podest gehoben. Man geht mit ihnen um, hält sie in der Hand, empfindet ihre Textur, ihre Konturen ganz unmittelbar und läßt sich auf sie ein, benutzt sie. Andererseits kann ein Kimono, bemalt oder bedruckt, indem die Trägerin sozusagen als Medium eingesetzt wird, viel mehr sein als nur ein bloßes Kleidungsstück.

Gerade der Umgang mit ihnen läßt ja alle diese Dinge so lebendig werden. Das reicht bis hin zum sogenannten freien Kunstwerk. Von modernen Dekorstücken abgesehen, wird mit Bildern, seien sie nun modern oder alte Rollbilder, noch vielfach so verfahren, wie es in alter Zeit üblich war, indem man nämlich das Bild wechselt, wenn es Jahreszeit, Stimmung oder irgendein anderer Anlaß erfordert, also auch eine Art Umgang mit ihnen, den Kunstwerken. Das heißt, sie sind nicht als „ewige Dauerleihgabe" an die ewig gleiche Wand verbannt, wo sie bald nicht mehr wahrgenommen werden.

Ist eine gute Teeschale, ist ein guter Lackkasten etwas anderes? Der Meister, der sie schuf, legte sein ganzes Können, seine Empfindung in aller Aufrichtigkeit hinein. Sind sie deshalb weniger ein Kunstwerk, nur weil man Tee daraus trinken und Schreibgerät oder Speisen hineintun kann? Jene Aufrichtigkeit der Gestaltung, nichts zu vertuschen, nichts zu beschönigen oder zu übertreiben und es so zu machen, wie man es in aller Ehrlichkeit vermag, sind Kriterien eines guten Kunstwerkes, auch und gerade bei einem Stück Kunsthandwerk. Kunst und Kunsthandwerk sind eng verschwistert, jedenfalls sieht man in Japan das heute immer noch so, und das wird sich hier wohl auch kaum ändern.

Natürlich spielt, wie gesagt, beim Kunsthandwerk die Technik eine große Rolle, eine größere vielleicht als in der freien Kunst, schon durch die reiche Vielfalt der zur Verwendung kommenden Materialien. Außerdem haben die verschiedenen kunsthandwerklichen Techniken in Ostasien und besonders in Japan eine Verfeinerung durchgemacht, wodurch sie auch immer komplizierter wurden. Hier, an diesen Dingen, zeigt es sich besonders deutlich, wie alles, was sich einmal im Kulturkreis der japanischen Inseln entwickelte, hervorgebracht wurde, trotz aller Schwierigkeiten lebendig bleibt oder, wenn es untergegangen ist oder unterzugehen droht, eines Tages wieder auftaucht und bedeutungsvoller werden kann als je. In einer so hochtechnisierten und übervölkerten Welt ist das gewiß nicht einfach, so daß, trotz der Liebe vieler junge Leute zu diesen Dingen, man auch in Japan fürchtete, daß doch das eine oder andere, was man in der Vergangenheit einst so hoch geachtet hatte, verlorengehen könnte.

Dieser Probleme war man sich allenthalben bewußt, und sogar der japanische Staat hat darüber nachgedacht. Das brachte ihn dazu, 1950 ein Gesetz zum Erhalt der traditionellen Kunsthandwerkstechniken zu erlassen, zu dem im Lauf der folgenden Jahre eine Art Rahmenrichtlinien gegeben wurde. Dies Gesetz umfaßt allerdings nicht nur kunsthandwerkliche Techniken. Unter dem für uns etwas umständlichen Titel „Nichtgestalthabender Kulturbesitz" *(mukei bunkazai),* worunter man alles, was nicht als dauerndes Werk vorhanden ist, also geistiges Eigentum, Kenntnisse, Fertigkeiten, versteht, werden auch traditionelle Theater- Tanz- und Musikformen gerechnet, wie ebenso bestimmtes Brauchtum, Riten und ähnliches. Damit wurde ein schon seit dem Ende des vorigen Jahrhunderts allmählich entwickeltes Gesetz zum Schutz permanenter Kulturgüter wie Architektur verschiedenster Provenienz, Plastik, Malerei und auch Gegenstände des Kunsthandwerks früherer Jahrhunderte ergänzt. Man stellte dafür eine Art Stufenordnung auf: Über das allgemeinere „Wichtiger Kulturbesitz" *(jūyō bunkazai),* was dann noch für die Präfekturen und Städte eine eigene Unterordnung erhielt, setzte man den Staatsschatz *(kokuhō).* Dieser meint aber nicht, daß alle die damit ausgezeichneten Objekte dem Staat gehören. Man läßt sie den Besitzern in ihrer eigenen Verantwortung. Lediglich für Katastrophenschutz und Restaurierung erhalten sie kleinere Summen. Was nun die Kunsthandwerker betrifft bzw. den „Nichtgestalthabenden Kulturbesitz", so hat man ihn analog zum Staatsschatz auch „Menschlichen Staatsschatz" *(ningen kokuhō)* genannt.

Doch auch diese Künstler gehören selbstverständlich nicht dem Staat. Sie erhalten nur eine gewisse regelmäßige Summe, was sie lediglich verpflichtet, ihre besonderen Kenntnisse an Nachfolger weiterzugeben, sonst sind sie völlig frei. Daß der Titel „Nicht gestalthabender Kulturbesitz" oder „Menschlicher Staatsschatz", obgleich er sich zunächst auf die Techniken selbst bezieht, auch dem Träger besonderen Ruhm bringt, ist selbstverständlich. Die Zahl ihrer Träger ist auf die Zahl der verschiedenen Techniken beschränkt, obgleich die eine oder andere Gattung auch mehrere mit diesem Titel ausgezeichnete Vertreter aufweisen kann. Daß die Werke dieser Meister die höchsten Preise erzielen, ist selbstverständlich. Es wird viel über sie publiziert, im an sich schon publikationsfreudigen Japan über diese Künstler sogar außerordentlich viel, so daß sie einem breiten Publikum gut bekannt sind, und einige wurden es sogar auch im Westen, in Europa und Amerika wie Shōji Hamada (1894–1978) zum Beispiel, der Keramiker von Mashiko, der die Volkskunst wieder belebte und über sie zu einem ganz eigenen, eben dem Hamada-Stil, fand. Lackmeister gehören natürlich ebenso dazu, wie auch Schmiede von einer bestimmten Art Teekessel, Hersteller von sehr artifiziellen Holzarbeiten, Korbflechter, Papiermacher, Kimono-Maler; sogar das Schwertschmieden lebt auf diese Weise fort. Es gehört keine besondere Prädestination dazu, es geht nur darum, daß die alte Technik auf ausgezeichnete Weise beherrscht wird.

Etwas nördlich von Tōkyō in der Miyagi-Präfektur lebte bis vor wenigen Jahren Ayano Chiba, eine Bäuerin, die noch das Hanfweben und Hanffärben mit Indigo verstand. Das Indigo-Färben ist in Japan noch weithin verbreitet, aber wird meist nur für Baumwollgewebe angewendet. Hanf gibt es nur noch sehr selten. In ländlichen Gegenden war es in Japan lange Zeit üblich, alles Nötige zum Leben selbst herzustellen, auch die Kleidung von der Faser über Spinnen, Färben, Weben und Nähen und mit den Materialien, die es vor Ort gab. Nun wuchs natürlich in der Miyagi-Präfektur keine Baumwolle, sondern nur Hanf. So bewahrte man die alte Tradition der Hanfgewänder noch lange. Die junge Ayano Chiba hatte die Verarbeitung der Hanffaser, das Färben mit dem aus den selbstkultivierten Indigo-Pflanzen gewonnenen Farbstoff, das Weben und Nähen der Kimonos von ihrer Mutter gelernt und sehr viel Freude an dieser Arbeit gefunden, aber als Bäuerin betrieb sie es nur nebenbei. Doch entdeckte sie eines Tages, als sie Indigo mit Reis mischte, eine ganz alte Färbemethode wieder, die die Indigo-Muster auf Hanf besonders schön herausbrachte. Irgendwie wurde das dann auch in Tōkyō bekannt, und eines Tages erschienen Beamte bei ihr, von denen sie zunächst annahm, sie seien von der Steuerfahndung, doch waren es nur Sachverständige, die ihre Arbeit beurteilen wollten. 1955 schließlich wurde sie zum „Menschlichen Staatschatz", zum *ningen kokuhō,* ernannt. So wird auch diese alte Färbemethode in Japan weiterleben.

Daß in Japan der kunsthandwerkliche Gegenstand, das künstlerische Gerät, so hoch geschätzt wird, hat gewiß etwas mit der Bedeutung der Teekunst *chanoyu* zu tun, bei der so viele Dinge, vom Bambusschöpflöffel über die Pulvertee-Dose bis hin zur Teeschale, dann aber auch Rollbilder oder Einzeilen-Schreibwerk Verwendung finden. Dieses *chanoyu* wird bei uns immer noch gern Teezeremonie genannt, es wurde einem westlichen Publikum schon oft vorgeführt, und die Leute staunten dann ehrfürchtig. Aber eigentlich ist dieses *chanoyu* gar keine Zeremonie, eher eine Teegesellschaft und eignet sich überhaupt nicht zum Vorführen. Denn wichtig ist dabei das gemeinsame Teetrinken, das Miteinander, indem man dabei mit den Geräten, den Kunstwerken, umgeht und gewissermaßen mit sich und diesen den Gastgeber und die Gäste umgebenden Dingen, dem Wasserkessel aus Eisen, dem Schöpflöffel aus Bambus, der Teeschale aus Keramik und einigen anderem – alles künstlerische, handgefertigte Dinge – ein neues, ein temporäres Kunstwerk schafft. Jemand hat es einmal eine frühe Form des *happening* genannt. Im gewissen Sinne aber ist es in der Tat ein sehr sublimes Spiel, bei dem der „Mensch ganz Mensch sein kann". Denn indem er die vorgeschriebenen Regeln des Bewegungsablaufes, wie das Teepulver in die Schale zu geben, das Wasser darüber zu gießen und mit einem Bambusbesen zu schlagen ist, vollkommen beherrscht, dies alles frei und sicher handhabt, wird er sich frei fühlen von allen Beschränkungen. Er ist dann innerlich von ihnen völlig gelöst und unabhängig. Vielleicht versteht man es, wenn man einmal die Bewegungen des Teemeisters genau beobachtet. Sie sind so einfach, so entspannt und logisch, und die Geräte stehen in einer genau darauf abgestimmten Weise, leicht erreichbar und praktisch, nicht dekorativ und zeremonial,

so daß weder Feierlichkeit noch ein Gefühl der Künstlichkeit aufkommt. Darüber hinaus herrscht eine Atmosphäre der Gleichheit, denn Ränge und Privilegien sind mit dem Betreten des Teepavillons aufgehoben, so, wie einst der Samurai-Ritter vor der Tür sein Schwert, Zeichen seiner Würde, abzulegen hatte. Gewiß übte die buddhistische Lehre des Zen hier einen außerordentlichen Einfluß aus, nicht im Sinne einer Religion, sondern eher im Sinne einer Philosophie und Ästhetik, einer Zen-Kunst. So treffen jene sieben Charakteristika, wie sie der Zen-Philosoph Shinichi Hisamatsu aufstellte, durchaus für die Teekunst, das *chanoyu,* zu.

Auch hier steht die Einfachheit als rein und offen für die Haltung der Teilnehmer, die kostbare Einfachheit als schmucklos erhaben, Reifwerden für die Gestalt des Teepavillons von ländlicher Einfachheit, aber raffiniert im Design. Dann ist auch hier wieder die spontane Natur wichtig, doch nicht gekünstelt und auch nicht bloß angeboren, aber mit Schöpferwillen als die Bewegungen des Gastgebers und schließlich die Überwindung der Welt, als Nichtgebundensein an eine Sache als die Haltung der Gäste und aller Teilnehmer.

Diese Kunstübung des *chanoyu* hat in Japan eine große Schar von Anhängern in allen Schichten. Auch heute noch ist sie so lebendig wie je. Selbst zu Zeiten Hideyoshis, der Teegesellschaften großen Umfangs mit Hunderten von Gästen zu veranstalten liebte, werden die Teefreunde kaum mehr gewesen sein, umgerechnet auf die damalige Bevölkerungszahl. Ein Intellektueller, ein reicher oder kleiner Kunstsammler gehören ebenso dazu wie Handwerker, Händler, Angestellte. Das gibt breiten Kreisen darüber hinaus auf irgendeine Weise auch einen Zugang zur Kunst ganz allgemein, zu Kunstwerken, zur Literatur ebenfalls.

Einmal sagte ein japanischer Freund, als wir über diese Dinge sprachen, ganz spontan: „Es gibt kaum einen bei uns, der nicht in irgendeiner Weise eine Beziehung zur künstlerischen Schönheit besitzt, und viele nennen wenigstens einen kleinen Kunstgegenstand, eine Schale, ein Schreibwerk (Kalligraphie), eine Räucherwerkdose ihr eigen. Dabei spielt es keine Rolle, ob es sich um einen kunsthandwerklichen Gegenstand oder ein freies Kunstwerk handelt. Die Wertschätzung gilt beiden Gattungen gleichermaßen."

Beim kunsthandwerklichen Gegenstand spielt, durch den Umgang mit ihm, auch die Berührung, die haptische Erfahrung, eine große Rolle. Sie erweitert das Erlebnis und läßt die Gefahr, einen solchen Kunstgegenstand bloß als Ornament oder Prestigeobjekt zu verbrauchen, weniger groß erscheinen.

Es war im Nationalmuseum in Tōkyō, die große Herbstausstellung fand statt. Thema war damals die Tee-Kunst. Alles an künstlerischen Gegenständen, was mit dem *chanoyu* oder *chadō,* Tee-Weg, wie es auch genannt wird, zusammenhing, war hier zusammengetragen. Es war voll, die Besucher drängten sich an den Vitrinen, beugten sich über die Glaskästen, um all die Schätze zu studieren, die aus dem ganzen Land zusammengetragen worden waren. Berühmte Teeschalen, Teedosen, Fächer, Rollbilder waren darunter. Plötzlich sah ich, wie sich zwei ganz verarbeitete, alte Hände vor der Vitrine zusammenlegten, genau vor einer großartigen, zudem berühmten schwarzen Teeschale, und indem er die Hände ein wenig hob und senkte, murmelte er: „Ist die schön, sie möchte ich in den Händen halten."

Ausdrucksformen und Stile sind bei sämtlichen Gattungen des Kunsthandwerks sehr unterschiedlich. Im gewissen Sinne trifft auch in diesem Zusammenhang jene schon an anderer Stelle beschriebene Polarität und Gleichzeitigkeit von Gegensätzlichem zu. Auf der einen Seite haben wir die klaren schlichten Formen und reinen Linien: Eine rote Lackkanne für Sobanudelbrühe in Form eines Kubus mit an der Ecke diagonal angebrachtem Kantstab als Griff zum Beispiel, schon seit Jahrhunderten im Gebrauch, nimmt in ihrer Klarheit das ganze Bauhaus vorweg. Dem stehen reich geschmückte Gegenstände, aufwendige Formen gegenüber, elegante, oft farbenreiche Dekore mit schwungvollen Linien, Wellen, sich im Wind wiegende Gräser. Beide Ausdrucksrichtungen haben stark auf die Design-Entwicklung und die Wiederbelebung des Kunsthandwerks in Europa gewirkt, nicht zuletzt durch die Weltausstellungen des 19. und frühen 20. Jahrhunderts, wo Japan, das damals selbst in einer neuen Entwicklung stand, mit seinen Objekten Furore machte. In einem Bericht von der Weltausstellung in Wien, deren japanische Exponate dann ein Jahr lang in einem Wiener Museum gezeigt wurden, heißt es, daß die europäischen Künstler in Scharen in diese Ausstellungen gepilgert seien. Das führte einerseits zu Einflüssen in Richtung auf das Bauhaus und andererseits zum Jugendstil und zu dessen eleganten weichfließenden vegetabilen Formen.

Noch heute spielt all das in Japan eine große Rolle. Kunsthandwerk aller Epochen und aller Weltgegenden genießt einen großen Ruf; das wird sich trotz Computer, Mini-Chips und Roboter nicht ändern. Die Freude am Tätigsein einerseits und am Umgang mit schönen Materialien, die man zu etwas gestalten, die man dann in den Händen halten und benutzen kann, ist so tief verwurzelt, daß sie sich nicht wird ausreißen lassen.

Kunsthandwerk
Keramik

工芸窯業

Ohne Zweifel ist die Keramik im japanischen Kunsthandwerk eine der wichtigsten Gattungen, und nicht zu Unrecht nennt man Japan das Königreich der Keramik. Wie schon angedeutet, wird sie hier so außerordentlich hoch geschätzt, daß sie freien Kunstwerken, Skulpturen etwa, in jeder Beziehung nahekommt und in keiner Weise nachsteht.
Auch wenn sie ihre eigentliche Bedeutung erst im 16./17. Jahrhundert erlangte, ist die keramische Tradition Japans sehr alt. Schon in der vorgeschichtlichen Zeit um 10 000 vor Christus etwa taucht eine mächtige, mit wulstigen Auflagen „barock" gestaltete Keramik auf. In historischer Zeit dann, nach einigen Zwischenstufen, lehnte man sich stark an Chinesisches an, an die Dreifarbenkeramik zum Beispiel. Aber man verwendete sie fast nur für kultische Gefäße und Urnen. Doch da der kaiserliche Hof und der Adel, wie auch die Tempel, um das Jahr tausend nach Christus Lacke bevorzugten, kam es in jener Epoche zu keiner rechten Entwicklung der Keramik; sie scheint erst mit dem 13. Jahrhundert allmählich begonnen zu haben. Damals traten auch die Öfen von Seto, die man die Sechs Alten Öfen nennt, auf den Plan. Sie stellen noch heute eines der großen Keramikzentren Japans dar. Die eigentliche keramische Kunst bildete sich erst im Zusammenhang mit der Entwicklung des *chanoyu*, der Teekunst, heraus, also im Laufe des 16. und des 17. Jahrhunderts. Die Reisschalen der koreanischen Töpfer – Hideyoshi schleppte sie Ende des 16. Jahrhunderts ins Land, andere flüchteten nach Japan –, die dem Ideal der Teemeister von Einfachheit, Natürlichkeit und skulpturaler Kraft so außerordentlich gut entsprachen, haben einen wesentlichen Teil zur Ästhetik der japanischen Keramik beigetragen.

So entwickelten sich die verschiedenen Stile: Shigaraki zum Beispiel, charakteristisch durch seine kräftigen, fast ungereinigten Erden und durch grünliche bis schwärzliche Aschenglasur, oder das Raku, oft von schwarzer Farbe, handgeformt ohne Drehscheibe, wobei das Skulpturale wörtlich genommen werden kann. Wie ein Gegenstück dazu erscheint das Shino mit weißschaumiger, sehr weich sich anfühlender Glasur. Schließlich ist da das sanfte, leicht rötliche Hagi, dem eine weißliche, oft tropfenförmig verlaufende, halbtransparente Glasur eine Lebendigkeit von besonderem Reiz verleiht. Dann gibt es die kräftig, wie spontan mit grüner Überlaufglasur und brauner Zeichnung schon fast modern expressiv dekorierte Oribe-Keramik. Das sind nur wenige Beispiele, es wäre noch vieles andere zu nennen. Die japanische Keramik ist ein wuchernder Komplex, der seit alter Zeit aus einem Grundkanon immer neue Formen entwickelte und ebenso ganz Modernes, von allen bisherigen Möglichkeiten Abweichendes, aufzuweisen hat.
Im Zentrum der japanischen Keramik befindet sich noch immer die Teekunst *chanoyu* und damit die Tee-Keramik.
Der Teepavillon steht in einem schmalen Garten, die immergrünen Bäume lassen nur hier und da den Himmel, einen blaßblauen Nachmittagshimmel, sehen. Man glaubt fast, nichts mehr vom Brausen der Großstadt zu hören und sich in einer „einsamen Wildnis" zu befinden.

Über einen Weg mit interessant „natürlich" gelegtem Paviment aus Natursteinen gelangen wir zunächst zu einer Bank, wo wir warten. Wir warten eine Weile, schweigend. Dann erscheint der Gastgeber, um uns in den Teepavillon zu geleiten; er begrüßt uns schweigend. Durch ein winziges Türchen schlüpfen wir – man kann es nicht anders nennen – in den Teeraum. Ein sanftes Dämmerlicht empfängt uns, das durch die mit weißem Pflanzenfaserpapier bespannten *shōji*-Türen und -Fenster einfällt. Eines der Fenster ist ganz unter der Decke angebracht, eines reicht bis zum Boden, was eine raffinierte Lichtführung ergibt. Dieses weißliche Licht läßt alles leicht erscheinen, ohne dunkle Schatten; es herrscht eine klare Atmosphäre, nichts wird verschleiert, und doch tritt auch nichts zu deutlich hervor. Wir nehmen auf *zabuton*-Kissen auf den *tatami*-Bodenmatten Platz. Der Gastgeber hat uns allein gelassen; wir warten, uns nur gedämpft unterhaltend, auf seine Rückkehr. Dann wird eine hintere Schiebetür zurückgeschoben, und der Gastgeber erscheint aufs neue, assistiert nun von einem jungen Mann. Sie tragen, indem sie, auf den Knien rutschend, um mit den Gästen auf gleicher Höhe zu bleiben – die seidenen Rockhosen aus Taft rascheln leise –, kleine Tischchen herbei, für jeden Gast eines, mit erlesenen Speisen, denn jede große Teegesellschaft beginnt mit einem reichen, wenn auch keineswegs üppigen Gastmahl.

Alles ist kunstvoll arrangiert, und die Speisen wechseln in rascher Folge. Oft weiß man nicht, ob die Anordnung der Gerichte oder die Gefäße mehr zu bewundern sind: sanftes Seladon aus China, 600 Jahre alt, skulpturale Schalen und Weinflaschen aus Japan, 16. Jahrhundert. Man genießt den Geschmack der Natur der unvermischt gereichten Speisen, betrachtet die Schalen, streichelt die Glasur, bewundert die Form. Alles klingt wunderbar zusammen, und für Augenblicke scheint die Welt vollkommen. Doch das ist noch nicht der Höhepunkt. Dieser sieht ganz anders aus. Ist das Essen beendet, werden wir Gäste wieder in den Garten gebeten. Mittlerweile ist es dunkel geworden. Man nimmt noch einmal auf der Bank Platz. Der Mond steht direkt über den Kiefern. Stille breitet sich aus, selbst mitten in Tōkyō. Die Bäume bilden schwarze Silhouetten und mischen sich mit den Wänden der hohen Häuser ringsum – es ist nichts zu hören als das Zirpen der herbstlichen Grillen. Da hinein tönt ein Gong, fünfmal, bald lauter, bald leiser.

Er ruft uns in das eigentliche Teezimmer, wo der Gastgeber und Teemeister uns wieder erwartet. Neben dem summenden Teekessel auf der im Boden versenkten kleinen Holzkohlenfeuerstelle liegt der Schöpflöffel, stehen der Teeschläger und alle anderen Gerätschaften bereit. Langsam reinigt der Teemeister mit einem violetten Seidentuch die Teedose aus schwarzem Lack, mehr symbolisch, denn natürlich findet sich kein Stäubchen darauf, vielleicht, um den Glanz des Lacks, seine Weichheit auch mit den Fingern zu spüren. Dann öffnet der Meister sie vorsichtig und gibt mit einem schmalen Elfenbeinlöffel ein wenig Teepulver in die neben ihm stehende Schale aus kräftiger Keramik, schöpft heißes Wasser aus dem Kessel und schlägt den Tee mit dem kleinen pinselförmigen Schläger, bis er grün und schaumig ist. Schließlich reicht der Meister, sich leicht verbeugend, dem ersten Gast die Schale, der sie dreimal dreht, austrinkt und zurückgibt, jedoch nicht, ohne vorher, wie wir alle, von den kleinen süßen Reiskuchen genommen zu haben. Mehr ist es nicht, und doch sind alle Bewegungen so, daß Mensch und Gerät ein Ganzes bilden. Es gleicht einem Tanz, und plötzlich spürt man hier, wie man eingebunden ist in dieses Ganze und doch frei. Zum Abschluß betrachten wir alle gemeinsam die verwendeten Geräte, und ein ruhiges Gespräch klingt auf, bis wir uns mit tiefer Verbeugung verabschieden und langsam durch den Garten zum Tor gehen.

Die japanische Keramik ist außerordentlich vielfältig, sie umfaßt farbig reich dekorierte Stücke wie erdhaft skulpturale Gefäße. Das weiß-bunte Porzellan spielte nie ganz die gleiche Rolle, obgleich man schon das kalte Weiß zu dämpfen versteht und ihm einen sanften, lebendigen Schimmer verleiht, doch eine gewisse Kühle bleibt. Viele Keramiker suchen dagegen den direkten Umgang mit den Elementen Erde und Feuer, suchen den Dialog mit der Natur, um aus ihr und mit ihr unmittelbare Formen zu schaffen. Wie viele Werkstätten gibt es noch heute in Japan, die ganz bewußt grobe, wenig gereinigte Erden verwenden, deren Steinchen und Unreinheiten eine spontane Unberechenbarkeit einbringen! Um diese Erde ganz in den Händen zu spüren, ihr Leben zu geben, benutzen manche von ihnen eine handgedrehte Scheibe, ein Motor würde bei dieser Auseinandersetzung nur stören. So ist es folgerichtig, daß solche Werkstätten in holzgefeuerten Öfen brennen. Das Feuer ist Mitgestalter. Die Flamme, mit Luft vermischt, berührt in züngelnden Bewegungen die Gefäße. Asche fliegt und vereint sich mit der Erde, schwärzlich-schrundige Spuren wie Vulkangestein hinterlassend oder meergrüne gläserne, leuchtend wie Smaragd. Kein Stück gleicht dem anderen – individuelles Kunstwerk jedes einzelne.

Die Kunst, Gegenstände aus Holz und anderen Materialien mit einer samtenen Haut von Lack zu überziehen, die mehr als nur ein bloßer Anstrich ist, war in Japan schon lange bekannt, und man wußte bereits vor der Einführung von Lackgegenständen aus China um die Möglichkeiten, mit dem Saft aus dem Stamm des Lackbaums zu schützen und zu schmücken. Zwei Farben herrschten anfangs vor: Schwarz und Rot, die noch immer die charakteristischen sind. Später kamen ein Braun und ein Grün hinzu, auch Gelb, und dann Violett und andere Farben. Doch die monochromen Schalen und Kästen, schwarz außen und innen rot, gehören auch heute zum Elegantesten, was die japanische Lackkunst hervorbringt. Aber natürlich reizen die klaren Flächen auch zum Dekor. Es begann mit Gold- und Silbermalerei und Perlmutter- oder Bernsteineinlagen. Im 9. Jahrhundert entwickelte man in Japan darüber hinaus eine neue Dekortechnik, die dann auch in China großen Anklang fand, das *maki'e*-Streubild. Das dabei in die feuchte Lackvorzeichnung eingestreute Gold- und Silberpulver erlaubte feinste Zeichnung von Gräsern und Blüten.

Man betrachtet in Japan Keramiken wohl als Kunstwerke, doch nicht als bloße Schmuckstücke. Immer geht man mit ihnen um, sie sind zum Gebrauch bestimmt in vielerlei Form. Da ist die Teekunst mit der Teeschale im Mittelpunkt. Dazu gehören aber ebenso ein Wassergefäß für das frische Wasser, eine Teedose, ein Deckelhalter, alles

Einzelstücke. In der Schmucknische pflegt man manchmal kleine Dosen aufzustellen, aber auch sie sind dort nicht nur Dekor, sondern enthalten das Räucherwerk. Es gibt sie in Porzellan, in dekorierter Keramik, aber auch aus grober Erde, bildhauerisch geformt, einem Stein gleich, entstanden im Dialog mit der Natur, wie sie im alten Geist, doch ganz modern, noch immer geschaffen werden.

In der Religion liegt die Zukunft hinter uns. In der Kunst ist die Gegenwart das Ewige. Die Teemeister hielten echtes Kunstverständnis nur bei denen für möglich, die unter seinem lebendigen Einfluß stehen. So versuchten sie, ihr tägliches Leben nach dem hohen Stand der verfeinerten Lebensart einzurichten, die im Teeraum herrschte…

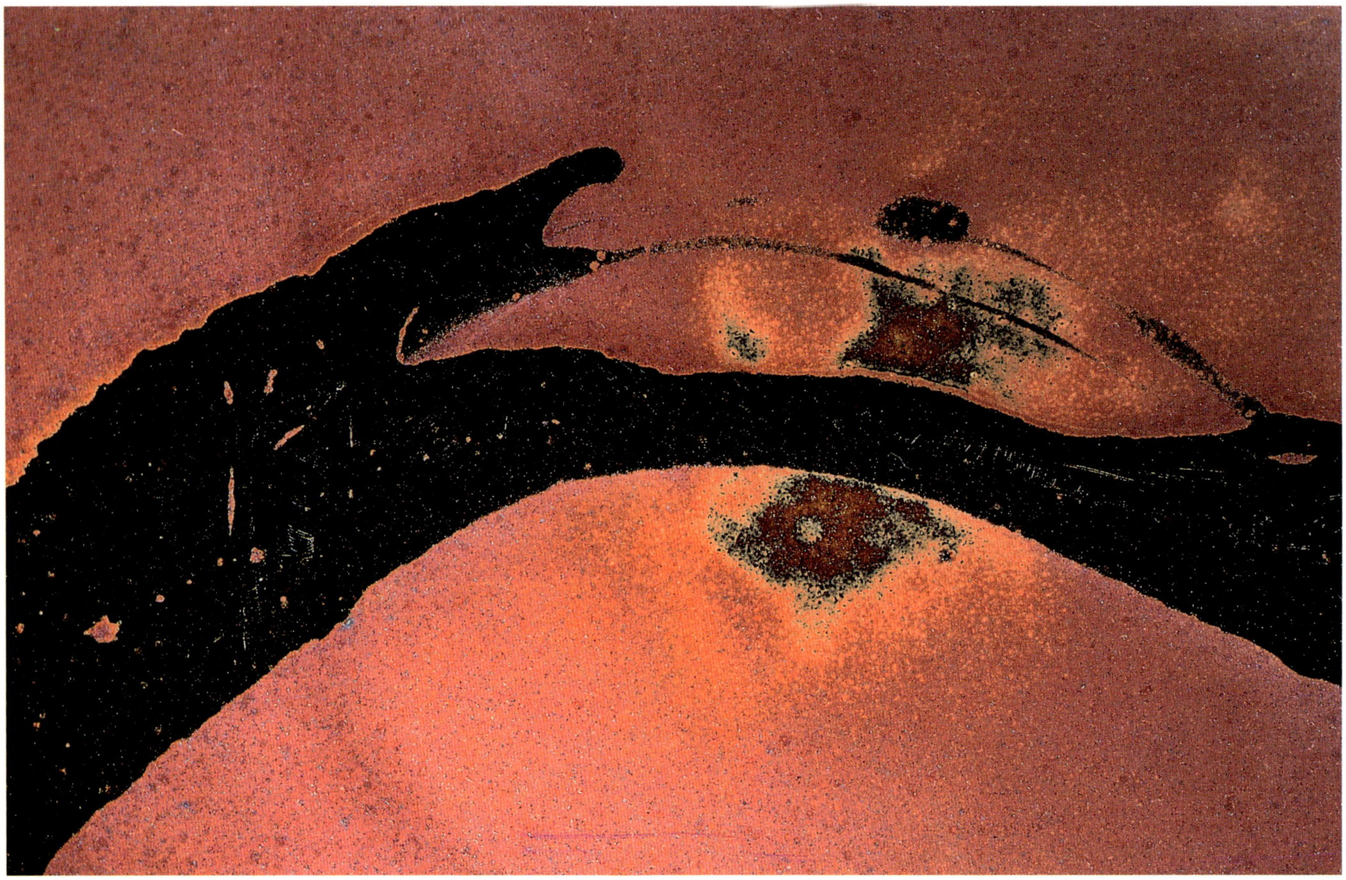

… Unsere Keramik hätte wahrscheinlich nie ihre hohe Vollkommenheit erreicht, wenn ihr nicht die Teemeister ihre Eingebungskraft geliehen hätten; die Herstellung von Gerätschaften, die bei der Teezeremonie Verwendung finden, fordert von unseren Töpfern ein Höchstmaß an Geschicklichkeit. Die sieben Brennöfen Enhûs sind allen Kennern japanischer Keramik wohlbekannt.

(Kakuzo Okakura, Das Buch vom Tee, 1906)

Die althergebrachten Formen spielen in den verschiedenen Gattungen des japanischen Kunsthandwerks eine wesentliche Rolle. Sie liefern die technischen Möglichkeiten, aber auch die geistige Grundlage. Doch da die Stiltraditionen in Japan nicht starr und festgelegt sind, entsteht aus diesen heraus auch immer etwas Neues.
So hat ein junger Lackmeister die traditionellen Servierbretter zu kräftigen Bohlen gemacht, ihnen manchmal klassische Motive eingeschnitzt und sie, bevor er sie mit Lack überzog, mit grobem Tuch umwickelt, was ihnen einen geradezu expressiven Ausdruck verleiht. Auch seine Schalen behandelt er auf diese Weise. Sie sind neu und erinnern doch von ihrem Gefühl her an Keramik des 16. Jahrhundets.

Kunsthandwerk

Papier

工芸和紙

Endlich war das Ortsschild Kurotani in Sicht gekommen, und der Bus hielt für uns zum letzten Mal. Stunden um Stunden hatte er sich von Kyōto Richtung Nordwesten in die Berge geschraubt, zum Meer hatte er es nun nicht mehr weit, wir aber stiegen aus: Kurotani – Schwarztal –, dort wollten wir hin, denn es war berühmt für seine handgeschöpften Papiere.

Von der Haltestelle aus führte nur eine schmale Straße in den Ort hinein, von der Durchgangsstraße war er kaum einzusehen. In früherer Zeit, so hatten die Leute berichtet, bedeutete das einen großen Vorteil. Wenn Kriege tobten, der Heike-Krieg im 12. Jahrhundert zum Beispiel, waren oft Samurais und Soldaten auf der Flucht nach Norden, Nordwesten hier vorbeigekommen. Hier konnten sie sich verstecken. Die Verfolger ahnten nicht, daß sich hinter den Hügeln im Bachtal ein ganzes Dorf verbarg. Heute ist das natürlich anders, das Schild am Ortseingang, weiße Schrift auf schwarzem Holz, verkündet stolz, daß hier japanisches Papier, *washi,* gemacht wird und das Dorf zum „gestaltlosen Kulturbesitz" *(mukei bunkazei)* der Präfektur Kyōto erklärt wurde.

Wir schlenderten langsam die Dorfstraße hinauf, die sich bald zu einem Weg verengte, der an einem klaren, munter dahinfließenden Bach entlangführte, an beiden Ufern von an den Talhang sich anlehnenden Häusern, kleinen Gehöften begleitet. Nur an einer Stelle weitete er sich vor einem neuen Gebäude zu einem kleinen Platz. Auf dem Schild stand „Kurotani Traditionelle Kunsthandwerker-Vereinigung" und „Kurotani Japan-Papier-Förderungsgesellschaft". Die Glastür läßt dahinter einen kleinen Laden erkennen. Doch es ist abgeschlossen. Nichts rührt sich. Es ist überhaupt still im Dorf, kein Mensch auf der Straße, keine Arbeitsgeräusche, kein Auto, nichts. Um acht Uhr in der Frühe waren wir aufgebrochen, jetzt war es mittlerweile zwölf Uhr geworden. Neugierig gingen wir einen steilen Seitenweg hinauf und schauten in einen kleinen Hof. Endlich war da eine Menschenseele: Ein alter Mann saß auf einem Kissen auf der niedrigen Veranda seines Hauses und schälte den Bast von in Haufen neben ihm liegenden Strauchrinden. Sehr freundlich erklärte er, was er da mache, und als wir fragten, was denn mit dem Dorf los sei, es sei so still, meinte er nur: „Jetzt ist Mittagszeit, da ruhen sich alle aus, ich mache auch gleich Schluß." – „Und wie lange dauert die Mittagspause?" – „Bis drei Uhr", meinte er – eine lange Zeit. Die Obāchan, das Großmütterchen, hatte unser Gespräch mitangehört und kam um die Ecke: „Ja, wollen Sie nicht bei mir etwas essen, Sie werden doch Hunger haben, und ein Gasthaus gibt es bei uns nicht."

Wir zögerten, wie gern hätten wir es angenommen, aber wie sollte man sich verhalten, machte man ihr nicht zu große Ungelegenheiten. „Ja, wirklich kommen Sie nur!" drängte sie. Schließlich haben wir doch abgelehnt, wir hatten ja nicht einmal ein Gastgeschenk bei uns.

So gingen wir wieder hinunter zum Bach und weiter das Tal hinauf. Ein kleines Gehöft reihte sich dicht an das andere, sie schienen nicht das Dachufer verlassen zu wollen. Ein paar richtige, strohgedeckte, schöne Bauernhäuser im Stil dieser Gegend mit Bambusfirst waren noch darunter. Nur ein paar Hütten, Trockenhütten, wie sich später herausstellte, zogen sich den, an manchen Stellen recht steil ansteigenden Hang hinauf. Vor manchen Häusern standen Bündel bleicher Ruten vom abgeschälten Papierstrauch. Da und dort hingen an Stangen unter dem Dachfirst die hellen Fasern zum Trocknen. Weiter bachaufwärts lagen sie noch zu Bündeln im Wasser und wiegten sich in der Strömung.

Schließlich endete der Weg am Schrein des Dorfes. Ein paar Langschwanz-Vögel flogen kreischend auf. Es war einsam hier. Die Feuchtigkeit tropfte von den Bäumen, tags zuvor hatte es geregnet, der Himmel war noch grau. Das *tori'i*-Tor ließ uns ein in den heiligen Bezirk, aber der Schrein öffnete sich uns nicht, die hölzernen Läden waren dicht geschlossen; er schien uns abzuweisen. Fast wollte ein unheimliches Gefühl aufkommen, wäre da nicht der Kirschbaum gewesen: Zarte weiße Sterne steckten an seinen sich nach allen Seiten ausbreitenden Zweigen, und er schüttete seinen Blütenschnee über das alte Schreindach; es war ja Frühling auch in Kurotani, im Schwarztal.

Endlich war die Mittagszeit vorbei, und jetzt sah das Dorf doch schon etwas anders aus. Ein paar Männer liefen hin und her, wenn auch nicht gerade sehr eilig. Da und dort hörte man aus den Werkstätten ein leise klatschendes Geräusch.

Das Dorf war an Besucher gewöhnt. Jetzt stand auch ein dickes Auto auf dem Platz vor dem Haus der Kunsthandwerkervereinigung. Für besondere Zwecke, für Bucheinbände, für allerlei Schachteln und Schalen, Fächer nicht zu vergessen, und für die *shōji*-Schiebefenster, ja auch für Taschen, Kissenhüllen aus verwebten Papierfäden findet das *washi* noch vielfach Verwendung und ist allenthalben sehr beliebt. Da man sich in Japan dafür begeistert, alle schönen Dinge auch selbst machen zu können, sind alle die, die das Papiermachen in Japan als Hobby – in Japan sagt man *shumi,* Geschmack – betreiben, begierig darauf, die alten Werkstätten zu sehen und dort zu lernen.

Es ist noch gar nicht so lange her, daß Bauern das Papier als Nebenarbeit herstellten, vor allem im Winter, wenn die Luft am reinsten, durch den Schnee klar und kalt ist. Manchmal allerdings lieferten die Bauern nur die vorbereiteten Fasern. Es gab viele kleine einzelne Werkstätten, die zwar heute auch noch bestehen, aber nun genossenschaftlich arbeiten.

Das Schlagen des Pulp, der Papiermasse, zum Beispiel wird gemeinschaftlich betrieben mit Wasserkraft oder Elektrizität. Sonst aber wird in Kurotani und anderen Papierdörfern, die, im ganzen Land verteilt, noch immer vorhanden sind, noch vieles mit der Hand gemacht nach der ganz alten und in bezug auf die Qualität immer noch erfolgreichsten Methode: in Ogawa zum Beispiel, nahe bei Tōkyō oder in der alten Provinz Echizen in Mitteljapan, die besonders berühmt ist für ihre schönen Papiere, und für Kurotani ist es sogar oberstes Gebot.
Die Materialien sind seit jeher die gleichen. In der Hauptsache und seit den frühen Anfängen wird *kōzo* (Papiermaulbeerbaum Broussonetia kazinoki Sieb., Fam. Moroceae) verwendet. Es ist ein kräftiger Strauch, der bis zu fünf Meter hoch werden kann, mit weinblattartigen Blättern; es gibt davon viele Unterarten. Für noch feinere Papiere verwendet man, ebenfalls seit früher Zeit, *gampi* (Diplomorpha sikokiana Nakai, Fam. Daphnacea). Dieser Strauch wird nicht sehr hoch, nur etwas über anderthalb Meter, besitzt tropfenförmige Blätter und kommt nur wild vor. Würde man ihn kultivieren, verlöre er seinen Bast, so ist es nur natürlich, daß das *gampi*-Papier, ungefärbt von zarter Sandfarbe und glatt wie die Haut eines Kindes, das teuerste ist. Ab dem 16. Jahrhundert kam schließlich noch das *mitsumata* (Edgeworthia papyrifera Sieb. et Zucc., Fam. Daphnacea) hinzu mit lanzettförmigen Blättern und dreigeteilten Zweigen mit gelben Blütenbüscheln im Frühling.

Mitsumata wird nur ein bis zwei Meter hoch und war ursprünglich ein Wildgewächs, das aber sehr bald kultiviert werden konnte.
Ein wenig abseits der Häuser, unten, wo der Bach über ein kleines Wehr hinunterschießt, hört man das dumpfe Schlagen der großen, Urtieren ähnlichen Holzhämmer, die die Papiermasse oder den Pulp zu kleinsten Fasern, zu einem Faserbrei zerwalken.
Jedoch bis aus den *kōzo*-Ruten Pulp wird, ist eine Menge Arbeit nötig. Zunächst müssen die Ruten mehrmals längs durchgeschnitten und weichgedämpft werden, damit sich der Bast leichter lösen läßt. Vom *gampi* muß man sie allerdings ohne dieses Hilfsmittel herunterbekommen. Danach werden die so gewonnenen Fasern mehrere Stunden im fließenden Wasser geweicht und dabei tüchtig mit den Füßen getreten. In diesem Zustand sind die Bastfasern in Länge und Breite noch ganz unterschiedlich. Um ein schönes gleichmäßiges Papier zu erhalten, müssen die Fasern aber von Anfang an gleichmäßig sein und deshalb zurechtgeschnitten werden. Bevor man sie dann kocht, werden sie nochmals etwa zwei Tage und Nächte im Fluß gewässert. Erst dann kann die Faser ihr schönes Weiß erhalten. Wenn sie gekocht wird, geschieht dies in einem großen eisernen Kessel unter Zusatz von Holz- oder Buchweizenstrohasche oder auch gelöschtem Kalk. Das dauert mehrere Stunden, erst auf starkem, dann allmählich schwächer werdendem Feuer, und zwar so lange, bis sich die Fasern fast mit den Fingern zerreiben lassen. Dann müssen sie nochmals gewaschen, von Aschenresten und sonstigen Unreinheiten befreit werden.

Dabei muß man die Fasern in großen, meist in die Erde eingelassenen Bottichen in Körben hin- und herschwenken und jede Faser einzeln genau untersuchen, eine mühsame, anstrengende Arbeit. Sie wird aber belohnt von makellos reinem Papier, das noch seinen Ursprung, die Natur, erkennen läßt. Der so gereinigte feuchte Bast wird dann tüchtig geklopft mit jenen Urtieren von Hämmern. In alter Zeit machte man das auf einem dicken Holzbrett oder auch auf einem Granitblock mit einer Art Holzprügel oder einem mit Löchern versehenen Holzhammer, und zwar meistens nachts. Das ganze Tal hallte dann wider von rhythmischem Klopfen. Manchmal schwangen nur Mädchen, manchmal nur junge Männer das Holz, und dazu sangen sie im Rhythmus der Schlegel. Bei dieser Arbeit soll es ziemlich vergnüglich zugegangen sein, so erzählt man. Einige Strophen dieser alten, oft endlosen Lieder sind noch heute erhalten. Endlich ist es dann soweit, die Papiermasse muß nur noch aufgeschwemmt werden mit etwa siebzig Prozent Wasser, und jetzt könnte mit dieser Methode, die einst aus China herüberkam, schon geschöpft werden. Doch im 10. Jahrhundert erfanden die Japaner das Leimen des Papiers, indem sie der aufgeschwemmten Masse aus Wurzeln der *tororo-aoi* (Malvaceae) gekochten Leim hinzufügten, um es geschmeidiger und fester zu machen. Auch die Rinde einer Hortensienart (Hydrangea floribundi Regel) verwendet man dafür. Damit wird die ganz besondere Qualität des japanischen Papiers erreicht.

Alle diese Vorarbeiten schienen an diesem Tag schon längst erledigt zu sein, jedenfalls war niemand dabei, im Bach die Fasern zu stampfen, und es stieg auch kein Dampf auf. Nur unten am Bach lärmten die Holzhämmer. Ab und zu kam jemand, um einen Eimer voll Pulp abzuholen. Hinter einem dunstig beschlagenen Fenster aber sahen wir elektrisches Licht, und das uns schon vorher aufgefallene leicht klatschende Geräusch war nun ganz nah. Vorsichtig schoben wir die Schiebetür dieser Werkstatt auf und, uns vielmals wegen der Störung entschuldigend, baten wir, einmal zuschauen zu dürfen. Unter dem Fenster befand sich ein großer rechteckiger Bottich, gerade hüfthoch. Davor stand eine Frau mit dicker Schürze, die Ärmel hochgekrempelt, und hielt ein ebenfalls rechteckiges, mit einer Bambussplittmatte belegtes Sieb in beiden Händen, das an einer Querstange über ihrem Kopf mit Seilen aufgehängt war. Als Antwort nickte sie nur, fragte nicht einmal, woher wir kämen, sondern ließ sich keineswegs stören.

Es war faszinierend, ihr zuzusehen, wie sie ihr Sieb an den Querstäben fest angepackt hielt und langsam, mit der hinteren Seite zuerst in den Bottich tauchte, es waagrecht hielt und dann ein wenig hin und her rüttelte, wieder eintauchte in gleichmäßigem Rhythmus drei-, viermal hintereinander, immer sanft rüttelnd, bis sich eine dicke Schicht gebildet und die Fasern sich verzahnt hatten. Dann ließ sie das Wasser vollends ablaufen, um schließlich vorsichtig den Halterahmen von der Bambusmatte zu lösen und diese mit einem Schwung auf einen schon fast einen Meter hohen Stoß zu legen, indem sie die Matte umdrehte und sie dann von oben abzog. Man hätte stundenlang zuschauen können, aber wir merkten, die Frau war nicht besonders zum Reden aufgelegt, so zogen wir weiter. Allmählich bekamen wir einen Blick dafür, wo in welcher Werkstatt etwas los war, wo gearbeitet wurde. In einer anderen Werkstatt war man schon ein wenig weiter. Da wurde dem ersten Stoß mit einer mechanischen Presse das Wasser herausgedrückt, etwa drei Stunden dauert das, erklärte man uns. Wir hatten Glück, sie waren gerade um, und jetzt begann etwas, was man als Wunder bezeichnen könnte: Von diesem scheinbar massiven Block einer feuchten Masse wurde jetzt Blatt um Blatt – sie hatten etwas von festem, feuchtem Filz –, gelöst und auf große Holzbretter zum Trocknen aufgestrichen. Diesmal war es kein einfaches weißes Papier, sondern schon in der Fasermasse dekoriert mit bunten eingelegten Papierschnitzeln.

Seit den frühen Jahrhunderten gibt es vielerlei Möglichkeiten, das Papier schon in der Masse zu schmücken. Die Papiere mit eingelegten Fasern oder Blättern sind bei uns im Westen ja besonders beliebt. Aber es gibt noch sehr viel mehr. Schon seit dem 12. Jahrhundert malt man in die feuchte Papiermasse mit dem Pinsel verlaufende Linien oder Wolken, oder man bringt auf das Sieb Metallornamente auf. Sie ergeben nichts anderes als Wasserzeichen, nur sind diese keine Firmenzeichen, sondern eben Muster, Blüten, Ranken. Fast ebenso wichtig wie das Schöpfen ist das Trocknen der feuchten, auf Brettern aufgestrichenen Bögen. Sonnenschein, Lichtqualität, Feuchtigkeit spielen dabei eine große Rolle. Bei den Hütten oben am Hang sahen wir, gerade in dem Augenblick, als wir aus der letzten Werkstatt traten, wie eine Frau damit begann, die mit weißen Papierbögen belegten Bretter aus der Hütte herauszutragen und vorsichtig an die Hüttenwand zu lehnen. Das wollten wir aus der Nähe sehen und kletterten nicht ohne Mühe den steilen Hang hinauf. Fröhlich begrüßte sie uns und wunderte sich offensichtlich gar nicht, daß da zwei komische Ausländer zu ihr heraufgestiegen waren. „Ja", sagte sie, „das ist besonders schönes Papier" und strich fast zärtlich über die schon langsam ihr Weiß erreichenden, halbtrokkenen Bögen, auf denen sich die Holzmaserung des Trockenbrettes und die gleichmäßigen Linien des Bürstenstriches wie zu einem eleganten, zurückhaltenden „Dekor" vereinigt hatten. „Und die Arbeit ist wirklich eine Freude", fügte sie hinzu, „es ist eine Bestellung, und wenn sie von jemandem kommt, der etwas vom Papier versteht, dann macht es besonders Spaß – und das Geld stimmt auch!" lachte sie.

Die Geschichte des japanischen Papiers ist schon sehr alt, älter aber noch die des chinesischen, denn das Papier, so, wie es dann auch später das westliche Papier initiiert hatte, wurde in China erfunden. Man gibt sogar ein genaues Datum dafür an: das Jahr 105 nach Christus und schreibt die Erfindung einem am Hof des Kaisers Ho der Han-Dynastie beamteten Eunuchen zu. Er, Ts'ai Lung, habe zum ersten Mal Papier aus Rinden- und Hanffasern sowie Lumpen und alten Fischernetzen hergestellt, heißt es, als Ersatz für den teuren Schreibstoff Seide. In Wirklichkeit steht Ts'ai Lung am Ende einer langen Entwicklungskette und brachte sozusagen nur die letzte Verfeinerung an. In Japan wird Papier zum ersten Mal für das Jahr 610 erwähnt. Das Nihonshoki, die 720 kompilierten ersten Annalen Japans, berichten, daß zur Zeit der Kaiserin Suiko-tennō (592–628) in diesem Jahr ein koreanischer König zwei buddhistische Mönche an den japanischen Hof sandte, von denen einer, mit japanischem Namen Donchō, unter anderem sich auch aufs Papiermachen verstand und seine Kenntnisse an die Japaner weitergab. Doch in Wirklichkeit lassen sich Spuren der Papierherstellung bis ins 3. Jahrhundert zurückverfolgen, wenn es auch keine schriftlichen Quellen dafür gibt. Möglicherweise aber bestanden zu dieser Zeit schon enge Beziehungen zwischen einem mächtigen Clan auf Kyūshū, der südlichen Insel Japans, und den nördlichen Provinzen Koreas, die damals mehr oder weniger eine Kolonie der Han-Chinesen waren. Von ihnen wird der Kyūshū-Clan die Papierherstellung übernommen haben. Belegt aber ist das Papier in Japan erst im 7./8. Jahrhundert. Noch heute befinden sich prächtige Farbpapiere, ganze Vorratsbündel, Dekorpapiere mit aufgeblasenen und schablonierten Mustern sowie natürlich beschriebene Schriftrollen im Shōsōin-Schatzhaus des Tōdaiji-Tempels in Nara, in das 756 zahlreiche Schätze des kaiserlchen Haushaltes gestiftet wurden. In den Dokumenten des Shōsōin sind hundertachtzig verschiedene Namen für Papier verzeichnet. Damals wurde das Papier – hergestellt unter Aufsicht des Kaiserhofes in Nara – vor allem für Verwaltungszwecke und zum Abschreiben der heiligen Sutren benutzt. 770 weihte die Kaiserin Shōtoku-tennō kleine Blockdrucke einer Sutra in Millionenauflage den zehn Haupttempeln des Reiches, von denen einige tausend noch erhalten sind.
Zu dieser Zeit war das Material zur Papierherstellung hauptsächlich Hanfbast, außerdem aber schon der Bast vom *kōzo*- und vom *gampi*-Strauch und von einigen anderen Pflanzen. Nachdem die Hauptstadt 794 nach Heiankyō, dem heutigen Kyōto, verlegt worden war, verwendete man kaum noch Hanf. Sehr bald wurde die Wiederverarbeitung des Altpapiers üblich.

Durch die nicht ausschwemmbare Tusche der Schrift erhielt das so wiederaufbereitete Papier dann eine leicht graue Farbe. Darüber hinaus liebte man es, die Briefe der verstorbenen Geliebten zu neuem Papier machen zu lassen und darauf heilige Sutren zu ihrem Gedächtnis abzuschreiben. In den folgenden Jahren entwikkelten sich neben der kaiserlichen Papiermanufaktur auch private Manufakturen, deren Produkte bei den Höflingen rasch beliebt wurden. Eines großen Rufs erfreute sich besonders das Michinoku-gami, das Papier aus der Provinz Michinoku, das aus dem *kōzo*-Strauch nach streng gehüteten Geheimrezepten hergestellt wurde. In der alten Literatur wird es immer wieder erwähnt. Unter der Herrschaft der Tokugawa-Shōgune im 17. Jahrhundert begannen die Lehnsfürsten in ihren Lehnsterritorien eine Art Industrie aufzubauen, unter anderem in den Dörfern auch die Papierherstellung. Ein gutes Beispiel dafür war Ogawa, in der Saitama-Präfektur gelegen, nahe bei Tōkyō, das damals noch Edo hieß und als Verwaltungshauptstadt der Shogunats-Regenten großen Papierbedarf hatte. Ogawa führt seine Papiergeschichte allerdings noch weiter zurück, es sieht seine Anfänge nämlich bereits im 8. Jahrhundert, als Koreaner ins Land kamen und ihre Künste übermittelten. Für die Papierherstellung war die Lage Ogawas besonders günstig gewesen, da es über ausgezeichnetes Wasser verfügt.

Aber der eigentliche Aufschwung kam dann doch erst mit Beginn des 17. Jahrhunderts, als in seiner Nachbarschaft, eben in Edo, die vielen Regierungsämter eingerichtet wurden. Im übrigen floriert in Ogawa noch heute die Papierherstellung. Die Manufakturen der Lehnsfürsten darf man sich nun allerdings nicht als große Anlagen vorstellen. Meistens wurde bereits damals das Papier in der Hauptsache von Bauern, die nicht genügend Land besaßen, im Winter hergestellt. Ihre Produkte wurden von Agenten der Lehnsfürsten aufgekauft und an Groß- und Einzelhändler weitergegeben. Es wird auch berichtet, daß diese Agenten einen sehr großen Einfluß auf die Fürsten ausüben konnten.
Auch wenn das Industrieholzpapier mengenmäßig dem alten *washi* den Rang abzulaufen scheint, ist das *washi* in der Wertschätzung eher noch gestiegen, indem man seine charakteristischen Eigenschaften jetzt ganz besonders beachtet. So ist es von einer unglaublichen Stärke und kaum zu zerreißen. Doch wenn man mit dem Pinsel eine Wasserlinie zieht, läßt es sich genau an dieser Linie und ganz leicht trennen. Es fühlt sich weich an wie Seide, Seide zwischen strengem Taft und leichter Gaze und vereinigt in sich Kraft und Sanftheit der Natur, Widerstand und Nachgiebigkeit. Dabei ist es selbst oft nichts als Licht, das es in sich aufnimmt und ganz langsam wieder weitergibt, als atme es, etwas, was dem westlichen Papier ganz und gar abgeht, das selbst, wenn es noch handgeschöpft ist, seine Starre nicht ganz verlieren kann.

Das Schönste vielleicht, was bisher über das japanische Papier und seinen Unterschied zum westlichen Papier gesagt wurde, stammt von Junichirō Tanizaki (1886–1965), dem großen modernen Romancier, und findet sich in seinem Essay „Lob des Schattens" von 1933: „Westliches Papier erregt in uns keine andere Empfindung, als daß es sich um einen einfachen Gebrauchsgegenstand handelt, aber die Textur des chinesischen und des japanischen Papiers gibt uns ein gewisses Gefühl der Wärme, als ob das Herz stille würde. Obwohl es das

gleiche Weiß ist, ist das Weiß des westlichen Papiers ein anderes als das des *hōsho* und des China-Papiers: Westliches Papier neigt dazu, das Licht zurückzuwerfen, während das *hōsho* und das China-Papier wie eine weiche Fläche frischen Schnees das Licht voll in sich hineinnehmen. In der Hand fühlt es sich geschmeidig an, beim Knicken und beim Falten macht es kein Geräusch. Es ist von einer Stille, es ist von einer Frische, als ob man das Blatt eines Baumes berührte."

Seine Schönheit ist unbestritten, so viele hat das japanische Papier schon begeistert. Wahrscheinlich kam es im 3. Jahrhundert, jedenfalls sehr früh, aus China nach Japan, belegt ist es seit Anfang des 7. Jahrhunderts. Aber was hat man aus dem chinesischen Papier gemacht. Bereits im 8. Jahrhundert wurde das japanische Papier nach China exportiert und fand großen Anklang am chinesischen Hof. Nach einem alten Bericht soll Kaiser Hsüan Tsung der Tang-Dynastie ein Gesetz erlassen haben, daß seine Chronik auf japanisches Papier geschrieben werde. Bis zur Herrschaftsübernahme durch die Mandschus blieb es bei dieser Hochschätzung durch die Chinesen, und sogar koreanische Könige schickten ihre Handwerker nach Japan, um dort das Papiermachen zu lernen. Kamen auch westliche Kauffahrer wie Marco Polo bereits in China mit japanischem Papier in Berührung, so erfuhr der Westen Konkretes eigentlich erst im 16. Jahrhundert von den portugiesischen und die spanischen Jesuiten, die es für ihre Drucke in Japan verwendeten. Zu jener Zeit pflegten die Fürsten ihren Geschenken an die westlichen Gesandten einen papiernen Fächer beizulegen. Wenig später wird das japanische Papier in englischen Tagebüchern und literarischen Utopien geschildert. Die Holländisch-Ostindische Kompanie handelte damit, und schon Rembrandt hat es mit Vorliebe benutzt. Nach der Öffnung des Landes beauftragte die britische Regierung 1869 ihre Konsuln in Japan, die Papierherstellung zu studieren und Beispiele zu sammeln. Wirklich bekannt wurde das japanische Papier durch die Weltausstellung in Wien 1873. Als das beste Papier gilt es noch heute.

Die außerordentlichen Eigenschaften des japanischen Papiers aus Pflanzenfasern, das man *washi* nennt, haben es zum Gegenstand der Bewunderung wie zu einem begehrten und vielseitig verwendbaren Werkstoff werden lassen. Schon in der alten Literatur, geschrieben vor knapp tausend Jahren, wird es begeistert gelobt. Eines der auch in Europa bekanntesten literarischen Werke dieser Zeit, das „Kopfkissenbuch der Hofdame Sei Shōnagon" ist nur deshalb entstanden, weil die Kaiserin einen „Stoß erlesenen Papiers", das sie von ihrem Bruder erhalten, an die Hofdame weitergab. Diese schrieb in ihrem Kopfkissenbuch selbst über dieses Ereignis und berichtete dann weiter: „Entzückt über das schöne Papier, beeile ich mich, es zu heften und meine Gedanken daraufzuschreiben, und in Wahrheit war ich so begeistert, daß mir im Nu meine Langeweile verging und ich bis ins Innerste meines Herzens froh wurde." Durfte das Papier anfangs nur für Dokumente der kaiserlichen Verwaltung und die heiligen buddhistischen Sutren verwendet werden, brauchte man trotzdem bald sehr viel davon als Brief- und Gedichtpapier, denn man pflegte damals seiner Geliebten regelmäßig Briefe und Gedichte – an einen Blütenzweig gebunden – zu senden, und sie war dann zu einem Antwortgedicht verpflichtet. Es fanden Gedichtwettstreite statt, die man manchmal in Hefte schrieb auf prächtig mit Gold- und Silbermalerei oder mit gerissenen collagierten Farbpapieren dekorierten Seiten.

Natürlich malten auch schon bald die Maler ihre Bilder auf Papier, wie auch die großen Schreibmeister – Schreibkunst gilt als die höchste der Künste in Ostasien – Papier verwendeten. Daß sich vieles davon bis auf unsere Tage erhalten hat, auch von den heiligen Sutren aus frühester Zeit – manche mit Gold- und Silberpaste auf dunkelblauem oder purpurnem Papier geschrieben –, hat mit der Hochschätzung wie mit der Qualität des Papiers zu tun und auch damit, daß man es verstand, es mit Persimonensaft zu imprägnieren. Gedichte und Sutren schreibt man noch heute auf *washi*-Papier, und die Schreibmeister benutzen nichts anderes. Das schneeige Weiß des Papiers wurde über all das hinaus dem Shintō-Glauben, dem Glauben der Reinheit, zum Symbol. Götterstreifen, manchmal schmal gebüschelt oder breiter und mehrfach geknickt, vermitteln sie die Segenskraft der Gottheit. Doch all diese Hochschätzung und Heiligkeit verhinderten nicht, daß *washi* auch durchaus von praktischem Nutzen ist und man tausenderlei Dinge damit herstellen kann, auch heute noch. Man hat einmal die traditionellen japanischen Häuser „Papierhäuser" genannt, das ist natürlich übertrieben, und doch spielt das Papier darin eine große Rolle: Die schiebbaren Zwischenwände bestehen aus mehrschichtigem dickem Papier über einem Holzgerüst. An Stelle von Glasfenstern – oder heute auch von Vorhängen – spannt man das Licht sanft verteilendes Papier über ein Holzgitter. Ein Wandschirm aus in Rahmen gespanntem Papier bietet zusätzlichen Schutz.

Schließlich benutzte man bereits sehr früh Lampen mit Papierschirmen: hohe Stehlampen mit tütenförmigen Schirmen, Deckenlampen schon im 17. Jahrhundert, die nicht anders aussehen als viele unserer heutigen und dazu alle Arten von kasten- oder röhrenförmigen Bodenlampen, wie wir sie von den Holzschnitten her kennen. Sie alle geben ein sehr weiches diffuses Licht und sind für elektrisches Licht genauso geeignet wie für Öllampen. Dazu die vielen Arten von Laternen, die einst als Handlaternen dem nächtlichen Heimkehrer ebenso dienten wie der Polizei. Vor Tempeln und Schreinen hängen sie noch heute, und die vielen Feste und Umzüge sind ohne sie nicht denkbar. Einer der frühesten Gebrauchsgegenstände aus Papier war der Fächer, als Blattfächer und vor allem als Faltfächer, eine japanische Erfindung, der als Schutz, zur Kühlung, als Träger von Botschaften und manchmal auch als Waffe zu dienen hatte. Bald verstand man es, durch Einfetten das Papier wasserdicht zu machen, und erfand das Ölpapier. So entstand der faltbare Regenschirm, zum Kimono noch immer das passende Accessoire, erfreut er sich heute wieder steigender Beliebtheit. Das Ölpapier wurde auch zu Regenmänteln verarbeitet. Spätestens seit dem 17. Jahrhundert druckte man bunte Muster mit Schablonen aufs Papier. Damit schmückte man Schachteln und Verpackungen und stellte alle Arten von Spielzeug her, vom Windrädchen angefangen über Drachen bis zu Puppen. Mit Einlagen von Blattgold und Blattsilber, buntem Papier, Fäden und Fasern sowie Blättern dekoriertes Papier wird ebenso gern für aufwendige Verpackungen, Einbände, Briefpapiere verarbeitet. Daneben scheinen auch die technischen Möglichkeiten für *washi* unbegrenzt.

Als Lackfilter für die Kunstwerke des Lackmeisters ist es unerreicht. Außerdem wurde es lange für Wundtupfer verwendet, und seit undenklichen Zeiten putzen sich die Japaner ihre Nasen mit Papiertaschentüchern. Stoff dafür zu verwenden scheint ihnen absurd und unhygienisch. Auf der anderen Seite hat man Papier sogar zur Kleidung verwendet,

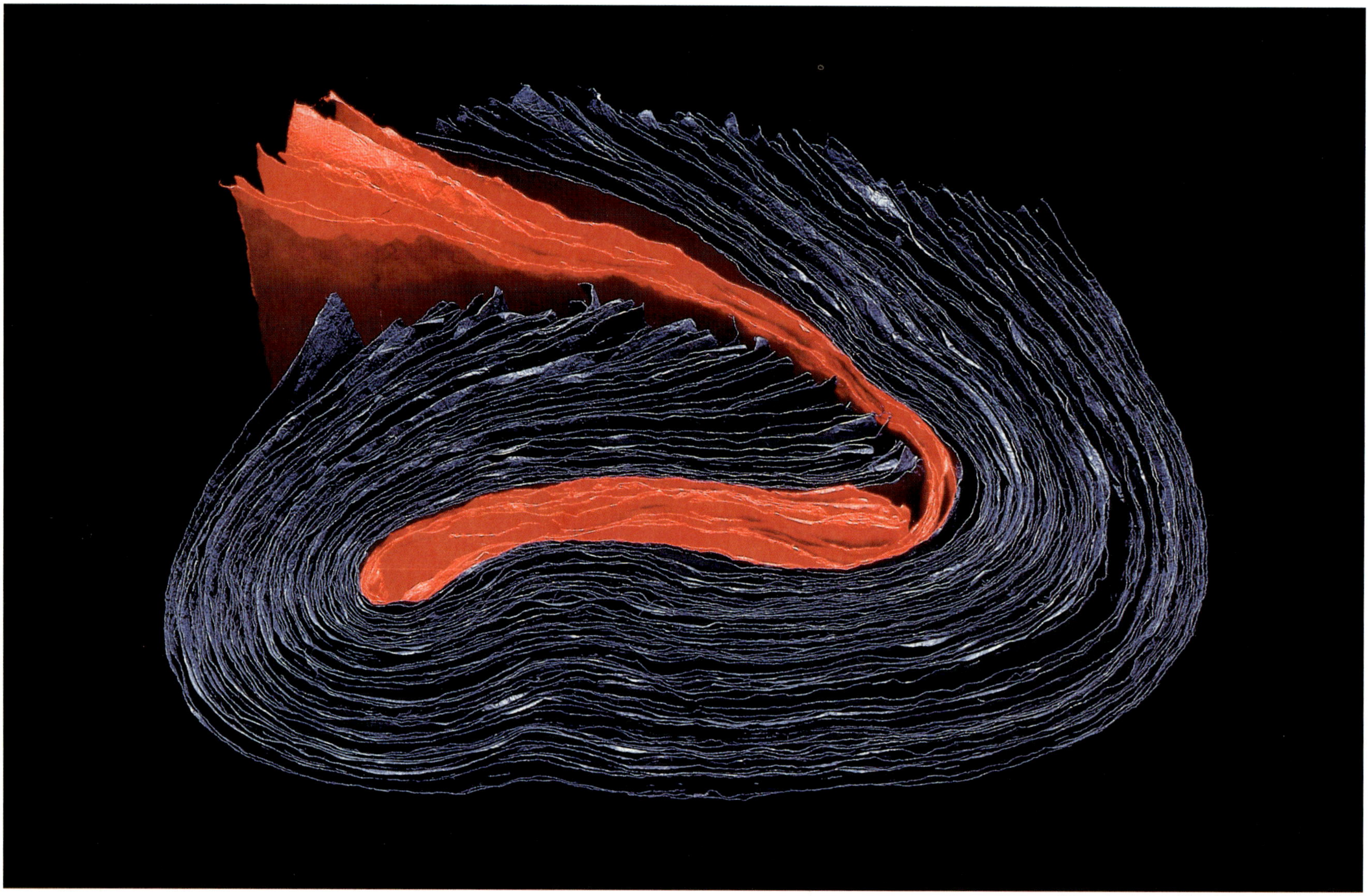

und das durchaus nicht nur, weil es billig war, selbst wenn es Mönche eingeführt haben sollen, um ihre äußere Armut zu betonen. Es gibt zwei Arten davon: das *kamiko* aus zähem, durch Knüllen weich gemachtem *kōzo*-Papier, das noch etwas nachbehandelt wird. Im 17. Jahrhundert war es sehr beliebt, und jüngst hat es der berühmte Modedesigner Issey Miyake wieder aufgegriffen und für ein reizvolles Hochzeitskleid verwendet. Die andere Art nennt sich *shifu,* Stoff aus gewebten Papierfäden aus feinstem *kōzo*-Papier. Er wurde vor allem im nördlichen Japan von Samurai-Familien hergestellt, ein Stoff von hoher Qualität mit interessanter Musterung, manchmal mit Lack verfeinert. Er wurde meist für Übergewänder, *haori*-Jacken und dergleichen verwendet. Zu manchen Zeiten drohte er Baumwolle und Seide fast zu verdrängen. Der Faden ist so stark, daß er für Sandalen, Vorhänge und sogar Fischernetze taugt. Ganz vergessen ist selbst diese Kunst nicht. Obi-Schärpen, kleine Taschen und ähnliche Gegenstände werden noch immer aus Papiergewebe hergestellt, wenn sie auch als etwas Besonderes gelten.

Viele Drachen steigen alljährlich in den japanischen Himmel hinauf. Aus Bambus oder Holzspan, mit Papier beklebt, können sie mit mehreren Quadratmetern riesig oder auch nur postkartengroß sein. Sie ähneln den unseren, diese aber stammen sowieso aus Ostasien, denn hier hat der Papierdrachen eine lange Geschichte. Ursprünglich war er gar kein Spielzeug, sondern wurde zur Divination und als Kriegsgerät gebraucht. Aus der Zeit um 200 v. Chr. wird berichtet, daß ein chinesischer General mit Hilfe eines Drachens die Entfernung zum feindlichen Schloß berechnet habe. Im 8. Jahrhundert kamen die Drachen nach Japan – alte Chroniken berichten über sie –, wurden aber bis Ende des 14. Jahrhunderts noch militärisch verwendet. Erst danach begannen die Adligen und die Samurai-Ritter, bald auch die einfachen Leute, sich damit zu vergnügen, und im 17. Jahrhundert wurde es ein Spielzeug für die Neujahrsvergnügen der Kinder. Noch heute ist der Neujahrshimmel über Tōkyō und anderswo von ihnen bunt gesprenkelt. Doch nicht nur dann, zu allen Jahreszeiten gibt es in Japan immer irgendwo einen Ort, wo man die Drachen fliegen läßt, vor allem aber am 5. Mai zum Knabenfest. An verschiedenen Plätzen wetteifern auch Erwachsene miteinander und führt man mit riesigen Drachen wahre Drachenkriege auf. In Hamamatsu, südlich von Tōkyō, sind die Drachen am größten. Überall unterscheiden sie sich in Form wie in Muster, so gibt es kastenförmige und mehrgliedrige wie Schlangen und viele andere. Die meisten sind bemalt mit Glück bedeutenden Bildern nach dem Vorbild der Holzschnitte. Das ist allerdings erst etwas über hundert Jahre alt. Früher waren es nur Schriftzeichen, die aber auch noch nicht aufgegeben wurden.

船
船

Kunsthandwerk
Kimono

工芸着物

Der Schauplatz war eines der großen Hotels in Tōkyō an irgendeinem Tag bei irgendeiner der vielen Partys, die täglich in dieser Riesenstadt stattfinden. Die Gesellschaft gab sich international, und man war in eleganter Robe erschienen, viele Damen im Kimono. Köstlich, diese Farben zu sehen und die Dekors!
Einer darunter mit einem unglaublich kühnen Muster fiel sofort ins Auge. Über die Grundfarbe, ein leichtes Ocker, zog sich vom unteren Saum her ein Dekor nach rechts oben zur Hüfte. Nein, es war kein Dekor, es war ein Gemälde, die Darstellung einer Welle, aufschäumend, sich brechend und zerstiebend in lauter kleine Kräusel, weiß gehöht gegen eine dunkel verlaufende Wolke gesetzt. Ein Gemälde wie mit Tusche gemalt, nach einem berühmten Motiv berühmter alter japanischer Meister. Dazu trug die Dame eine rotgoldene Obi-Schärpe aus Brokat – eine gewagte Kombination. Und welch eine Farbsymphonie, wenn mehrere Kimono-Damen beieinander standen: Da komponierten zwei Damen einen hellen Frühlingsakkord; der Grundton war hellgrün mit einem weiß ausgesparten Dekor aus grazilen Gräsern, das sich mit Blüten und Blättern an der linken Schulter fortsetzte; dazu trat eine Kimono-Dame mit zartem Pfirsichblütenrot, nur akzentuiert mit weißen eingeschossenen Fäden. Plötzlich aber tauchte dazwischen ein schwarzer Kimono auf mit einem strengen, vom Saum her gestickten Goldmuster mit weißen Familienwappen an der Schulter.

Man war etwas irritiert: so formell war die Party nun auch wieder nicht; vielleicht war die Dame gerade von einer Hochzeit gekommen? Doch es klärte sich auf, als man genauer hinsah und die Trägerin durch den Raum ging. Das war ein wandelnder Irrtum: Die Trägerin war blond – eine Amerikanerin wahrscheinlich –, und wie sie ging! Sie wackelte in den Schultern, der Kimono schlug vorn viel zu weit auf. Diese ganze Szene war eine konkrete Lektion dafür, wie man einen Kimono zu tragen hat und was er ist und was er nicht ist. Das heißt, er ist bestimmt nicht dazu da, den Körper der Trägerin zur Schau zu stellen, eine Voraussetzung der meisten westlichen Kleider. Beim Kimono scheint es eher umgekehrt: Die Trägerin zeigt ihn, sie hat ihm als dem Kunstwerk zu dienen, und dazu gehört eine ruhige, nicht hastige, gleichmäßige Bewegung, fast ein wenig schiebend; erst dann kann man die ganze Schönheit – des Kimonos nämlich – bewundern; die Dame, die in ihm steckt, kommt dann ganz von selbst zur Geltung. Es spielt dabei gar keine Rolle, ob die Kimono-Trägerin von schlanker, eleganter Figur ist oder nicht. Auch Mollige können in diesem Gewand durchaus anziehend wirken, bleiben doch die Blicke fast stets am Dekor, am Kunstwerk hängen.

Die Bedeutung des Kimonos liegt also im Dekor, denn der Schnitt ist bis auf kleine Variationen stets gleich: je zwei glatte Bahnen von einer fünfunddreißig Zentimeter breiten Rolle für Vorder- und Rückenteil und jeweils eine für die Ärmel, die gelegentlich nur an den Ecken abgerundet sein können. Die Vorderteile werden vorne lose übereinandergelegt, wie ein Mantel, sind natürlich meist gefüttert und werden mit der Obi-Schärpe zusammengehalten. Die Stoffe für Kimono verkauft man stets in Abschnitten, das heißt in Rollen für nur einen Kimono, so daß nur bei billigen Stoffen oder solchen mit Rapportmustern die Gefahr besteht, daß ein Kimono zweimal auftaucht; es sei denn, es sei beabsichtigt, ihn mehrmals zu haben.
Der Entwurf des Dekors wird von der Technik bestimmt, die man anwenden will, oder auch umgekehrt. Die meisten Dekortechniken reichen historisch ziemlich weit zurück, so zum Beispiel die Abbindetechnik, eine rein japanische Erfindung, die man mit freier Malerei kombiniert. Hierbei wird der Stoff in großen oder kleinen Partien mit Fäden umwickelt und dann eingefärbt. Durch die Fäden bleiben diese Stellen weiß, und wenn man sie löst, ergeben sie das Muster. Diese Technik ist mindestens an die fünfhundert Jahre alt. Im 16./17. Jahrhundert trat noch Plattstichstickerei, oft mit Gold- und Silberfäden, hinzu, und auch Gold- und Silberfolien wurden von da an für die prächtigsten Stücke verwendet. Damals stellte man auch den Brokat, der einst aus China herübergekommen war, wieder reichlich her.

Mitte des 17. Jahrhunderts kam eine neue Dekortechnik auf, das *yūzen*-zome, so benannt nach Meister Yūzen-sai. Hierbei werden die Umrißlinien des Dekors mit Reispaste abgedeckt, manchmal mit Hilfe von Schablonen, die Binnenzeichnung malt man mit der Hand. Wird der Stoff dann ausgewaschen und damit auch die Reispaste, heben die weißen Konturen das Muster besonders deutlich hervor. Heute gehört der *Yūzen*-Kimono zu den teuersten. Im Preis werden sie nur noch von den gänzlich handgemalten übertroffen. Diese können als reine Kunstwerke stolze Preise von 120 000 Mark und mehr erreichen; das sind dann natürlich kostbare Meisterwerke. Einfacher, leichter herzustellen und daher auch billiger sind die mit Schablonen bedruckten Kimono, doch trotzdem sind auch sie durchaus Kunsthandwerk, und zwar sogar auf zweifache Weise, denn für sie braucht man noch den Schablonenschneider. Für eine Schablone werden mehrfach übereinandergeklebte, präparierte Bogen japanischen Papiers bestimmter Größe mit ganz feinen Sticheln und Messern von spezieller Art mit der Hand ausgeschnitten zu kleinteiligen Mustern oder großen Blüten. Bei manchen bleiben nur zarte Stege übrig. Für jede Farbe wird eine Schablone geschnitten, die dann, versehen mit Paßmarken, exakt übereinandergelegt werden müssen, bis die ganze Stoffbahn einer Rolle, etwa elf Meter, mit allen Farben bedruckt ist.

Nach vielem Gebrauch haben die Schablonen eine schwarzbraune Farbe angenommen und wirken als einzelne Blätter schon sehr dekorativ. Deshalb sind sie auch zu Sammelobjekten geworden. Mit den Schablonen kann man Seide, aber auch Baumwolle bedrucken, letztere häufig mit Indigo-Blau für den Sommerkimono *yukata*. Selbst in einer Großstadt wie Tōkyō sind noch eine ganze Reihe solcher Werkstätten erhalten.

Eine große Straße führt durch das alte Unterstadtviertel Kotoku. Im Krieg wurde hier alles zerstört, und doch gibt es noch – oder wieder – die kleinen Gassen, mit den vielen kleinen Läden, einem altertümlichen Badehaus, Werkstätten. Von einer solchen Gasse zweigt eine noch schmälere ab und führt direkt zu der Werkstatt der Sano-Familie. Dort beugen sich ein Vater und zwei Söhne über lange Platten, die mit Bahnen weißer Seide belegt sind. Auf der einen Bahn hat Vater Sano schon den ersten Durchgang hinter sich. Grün wird das Grundmuster sein, jetzt fügt er ein helles Tomatenrot hinzu. Auf einem anderen langen „Tisch" hat der Älteste gerade mit Blau begonnen. Jede Bahn erhält ein anderes Muster, jede Rolle wird einzeln gefärbt, meist auf Bestellung.

Mit ihrem graublauen Ziegeldach und dem gedunkelten Holz sieht die Werkstatt aus, als stünde sie Hunderte von Jahren, doch wurde sie erst nach dem Krieg wieder aufgebaut. Es ist die Patina der Atmosphäre und wohl auch der Farbdämpfe, die in dieser Werkstatt die Erinnerung an Alt-Edo wachrufen. Man wäre aber nicht in Japan, wenn man für den Kimono nicht auch alle modernen, computergesteuerten und wer weiß was noch für Techniken anwenden würde, die sehr dynamische, großzügige Muster hervorbringen können.

Oft ist von westlicher Seite der Kimono schon totgesagt worden, und doch lebt er immer noch, nicht als Alltagskleid natürlich, dafür wäre er nicht praktisch, doch als Festkleid wird er wieder mehr und mehr beliebt. Denn die Japanerin weiß nur zu genau, daß der Kimono ihr ausnehmend gut steht. Im Krieg konnte man den Kimono nicht tragen, deshalb habe man vergessen gehabt, so sagt man, wie man ihn richtig anlegt, denn das ist mit all dem Unterzeug, der breiten, meist steifen Obi-Schärpe, die zu einer mehr oder weniger mächtigen Schleife gebunden werden muß, gehalten mit allerlei Tüchern und Schnüren, gar nicht so leicht. Da kamen einige findige Leute auf die Idee, Schulen dafür einzurichten, Schulen für das Anlegen des Kimono, die richtige Haltung, ihn zu tragen. Heute, sagt ein solcher Schulleiter, haben die Mütter das wieder gelernt und können es, wie früher, ihren Töchtern selbst beibringen. So geben wir jetzt auch Nähkurse und unterrichten Ikebana und alles, was in das Umfeld paßt.

Kiyoaki hatte keine Ahnung davon, wie man einer Frau den Obi löst. Die starre Trommel-Bindung auf dem Rücken widerstand seinen Fingern. Als er einfach blindlings daran herumnestelte, kamen Satokos Hände nach hinten, und obwohl sie tapfer protestieren wollten, halfen sie ihm doch auf zarte Weise. Wild verschlangen sich ihrer beider Hände am Obi entlang; dann endlich war die Spange geöffnet, und mit einem leisen, ringsum laufenden Knirschen schnellte der Obi nach vorn weg. In diesem Augenblick wirkte die endlos lange Schärpe fast so, als bewegte sie sich aus eigener Kraft. Das war der komplizierte Auftakt zu einer Rebellion, die nichts mehr aufzuhalten vermochte. Auch der Kimono als solcher stiftete vor allem Verwirrung, und während Kiyoaki ihn über Satokos Brust hastig aufzuschlagen versuchte, kamen die verschiedenen Schnüre so durcheinander, daß sie sich zwar hier lockerten, aber nur, um sich anderswo wieder zu spannen. Dann sah er, wie sich das kleine weiße Dreieck an Satokos bewehrtem Brustausschnitt vor seinen Augen zu einer über und über schimmernden Helle erweiterte.

Satoko hatte, jedenfalls mit Worten, nicht den geringsten Einspruch erhoben. Der stumme Widerstand, die stumme Verführung waren also nicht voneinander zu unterscheiden. Sie verführte so unendlich, wie sie unendlich Widerstand leistete. Nur war da irgend etwas, was Kiyoaki vermuten ließ, die Kraft, gegen diese göttliche Erhabenheit, gegen diese Unerreichbarkeit anzukämpfen, wäre nicht allein seine eigene Kraft.

Was aber dann? Er bemerkte deutlich, wie Satokos Gesicht – die Augen hatte sie noch immer geschlossen – allmählich von einer Röte überflutet wurde und wie sich darauf verwirrt die Schatten der Erschlaffung malten. Der nur sehr zarte, verschämte Druck auf Kiyoakis Arm, mit dem er sie im Rücken stützte, begann sich zu verstärken, bis sie, gleichsam, als wäre sie zu einem weiteren Widerstand nicht mehr imstande, rückwärts auf den Boden sank.

Kiyoaki tat die Säume ihrer Gewänder auseinander. Unter dem langen Untergewand aus Musselin wurden, als er das über einem Muster aus Rauten und Schildkröten-Wolken fliegende Phönixpaar, das Gewirr des fünffarbigen Schwanzgefieders nach rechts und links beiseite schob, Satokos vielfach umhüllte Hüften ahnbar. Aber noch, so fand er, waren sie weit, zu weit entfernt. Noch gab es Schichten um Schichten von Wolken wegzufegen. Da war ein innerstes Zentrum, das in der tiefsten Tiefe die überwundenen Schwierigkeiten listig durch immer neue ersetzte; war ein Kern, der ihm, so fürchtete er, den Atem würde stocken lassen.

(Yukio Mishima: Schnee im Frühling, 1969)

Die Grundform des Kimono geht auf das 14. Jahrhundert zurück. Im 16. Jahrhundert trug man noch eine schmälere, lockerere Obi-Schärpe, die im übrigen jetzt langsam wieder Mode zu werden beginnt. Die Gestalt des heutigen Kimono entstand dann im 17. Jahrhundert. Damals wurde die Obi-Schärpe etwas fester und rutschte ein wenig nach oben, was im 19. Jahrhundert nochmals modifiziert wurde. Nebenbei bemerkt: So unbequem, wie sie aussieht, ist diese Obi-Schärpe gar nicht. Sie ist bequemer als ein Korsett und gibt doch dem Rücken eine Stütze. Man hält sich dann von allein gerade, so daß der Kimono, daß sein Dekor so richtig zur Geltung kommen.
Es ist ein wunderschöner Herbsttag; Sonne, blauer Himmel; die Bäume um den alten Schrein strahlen in reinstem Goldgelb und feurig glühendem Rot des Herbstlaubes. Klein Machiko ist gerade drei Jahre alt und hat heute, es ist der 15. November, ihren ersten Kimono bekommen, denn es ist *shichi-go-san,* das Fest der sieben-, fünf- und dreijährigen Kinder, die auf ein neues dem Schrein und seiner Gottheit zum Schutze anempfohlen werden. Machichan, wie sie auch zärtlich genannt wird, ist an einem solchen Tag natürlich nicht allein am Schrein.

Viele Kinder sind mit ihren Eltern gekommen, und die „jungen Damen", die drei- und siebenjährigen – die Fünfjährigen sind Buben –, sind fast alle im Kimono „erschienen" und sehr stolz darauf. Es stört sie gar nicht, daß die Ärmel, wie es sich für Mädchen gehört, sehr lang sind und bis auf den Boden hängen. Die großen roten Blumen des Musters an ihrem Kimono mag Machiko sehr gern, und sie erzählt es immer wieder dem Vater, der Mutter, den Tanten und Onkeln, die alle an diesem großen Tag mit ihr zum Schrein gegangen sind. Nur einmal vergißt sie das alles, als sie den heiligen weißen Hahn bemerkt, wie er im Käfig neben dem Schrein, auf einer Stange hockend, gravitätisch seinen meterlangen Schwanz ausbreitet. Da klammert sie sich mit ihren kleinen Händchen am Gitter fest und staunt nur.
Doch über siebzehn Jahr – was für einen Kimono wird sie dann tragen? Dann ist Seinen-no-hi, Erwachsenen-Tag, das heißt Volljährigkeit, und die Töchter erwarten sich von ihren Vätern viel, zumindest einen neuen Kimono.

„Willst du mit diesem Obi gehen?" fragte Yukiko. Taeko stand hinter Sachiko und band ihr den Obi. „Ist das nicht der, den du damals – wann war es doch gleich? – bei dem Klavierkonzert getragen hast?"
„Ja, das ist er."
„Ich saß neben dir, und jedesmal, wenn du Luft holtest, quietschte er."
„Daran kann ich mich gar nicht erinnern."
„Nur ganz leise natürlich. Aber bei jedem Atemzug hörte ich ihn quietschen, und ich habe mir damals geschworen, daß ich dich mit diesem Obi nie mehr in ein Konzert gehen lasse."
„Welchen soll ich denn tragen?" Sachiko öffnete ihre Kommode und zog einen Obi nach dem anderen heraus.
„Diesen", entschied Taeko und deutete auf einen Obi mit Spiralmuster.
„Paßt er denn auch zu meinem Kimono?"
„Er ist genau richtig. Nimm ihn, nimm ihn!" Yukiko und Taeko waren schon fertig mit ihrer Toilette. Taeko sprach beschwichtigend wie zu einem widerstrebenden Kind, nahm den Obi und legte ihn ihrer Schwester um. Als Sachiko fertig war, kniete sie sich vor den Spiegel. Plötzlich stieß sie einen komisch entsetzten Schrei aus.
„Was ist denn los?"
„Hört nur! Er quietscht!" Sachiko holte tief Luft, um zu beweisen, daß der Obi in der Magengegend quietschte.
„Tatsächlich, du hast recht."
„Vielleicht ist der mit dem Blattmuster besser."
„Kannst du mal nachsehen, ob du ihn findest, Koi-san?" Taeko, die als einzige europäische Kleidung trug, bückte sich leicht und gewandt und zog den gewünschten Obi unter einem Stoß anderer hervor. Wieder stellte sie sich hinter die Schwester, um ihn zu binden. Sachiko hielt mit der einen Hand die Rückenpartie des Obis fest, während sie stehend einige Male tief atmete.
„Ja, der scheint in Ordnung zu sein." Aber kaum war das letzte Schnürchen an seinem Platz, da ertönte ein leises Quietschen. „Wie komisch, der macht's auch…"
Alle drei bogen sich vor Lachen, sooft Sachikos Obi einen Ton von sich gab.
„Er ist doppelt gewebt, daran liegt es", sagte Yukiko, noch immer lachend. „Nimm einen einfachen."
„Nein, es wird am Stoff liegen."
„Ach was, die sind doch alle aus demselben Stoff. Bei den doppelt gewebten verdoppelt sich eben auch das Quietschen."
„Ich hab's! Ich hab's!" rief Taeko und zerrte einen anderen Obi aus der Papierhülle. „Versuch mal diesen. Der ist bestimmt in Ordnung."
„Aber der ist ja auch doppelt."
„Tu doch, was ich dir sage. Ich weiß jetzt nämlich die Ursache."
„Es ist schon nach eins. Wenn wir uns nicht beeilen, bekommen wir überhaupt nichts mehr zu hören. Diese Konzerte sind meistens sehr kurz."

„Wer hat sich denn über meinen Obi beklagt, Yukiko? Du oder ich?"
„Nun ja, schließlich will ich Musik hören, nicht dein Gequietsche."
„Ich bin völlig erschöpft. Umbinden, losbinden, umbinden, losbinden – da muß man ja schwach werden."
„Unsinn! Ich bin noch viel erschöpfter!" behauptete Taeko, die alle Kräfte aufbot, um den Obi fest anzuziehen.
„Soll ich das hierlassen?" Oharu, das Dienstmädchen, hielt ein Tablett in der Hand, auf dem eine desinfizierte Spritze, eine Schachtel mit Vitaminampullen, Alkohol, Verbandswatte und Heftpflaster lagen.
„Meine Injektion! Bitte, Yukiko, mach mir meine Injektion!" rief Sachiko. Und als sich Oharu zum Gehen wandte: „Halt – noch etwas! Bestell einen Wagen. Er soll in zehn Minuten da sein."
Yukiko war in den nötigen Handgriffen geübt. Geschickt sägte sie den Hals der Vitaminampulle ab, zog die Flüssigkeit mit der Spritze auf und streifte Sachikos linken Ärmel bis zur Schulter hoch. Nachdem sie die Haut leicht mit einem in Alkohol getränkten Wattebausch abgerieben hatte, stach sie zu.
„Au!"
„Hat's weh getan? Ich habe heute leider keine Zeit, vorsichtig zu sein."
Im Zimmer roch es durchdringend nach Vitamin B. Yukiko klebte Heftpflaster über den Einstich und klopfte es behutsam fest.
„Ich bin hier auch fertig", sagte Taeko.
„Welches Schnürchen paßt wohl zu diesem Obi?"
„Das da ist doch in Ordnung. Mach schnell!"
„Bitte, hetzt mich nicht so! Ihr wißt genau, daß ich dann ganz durcheinandergerate."
„So, Schwesterchen, jetzt hol mal tief Luft."
Sachiko atmete eifrig. „Wirklich, er quietscht nicht. Wie kommt das, Koi-san?"
„Nur die neuen quietschen. Ein Obi, der so alt ist wie dieser, hat dazu einfach keine Kraft mehr."
„So wird's wohl sein. Du hast wieder mal recht gehabt."
„Man muß nur seinen Kopf ein bißchen anstrengen."
(Junichiro Tanizaki: Die Schwestern Makioka, 1946–1948)

Japanisch nennt man es *katgami-some,* „Färben mit Papierschablone". Noch heute wird es mit altertümlichen Geräten ausgeführt. Vielfache Lagen von Schablonen, für jede Farbe eine, werden millimetergenau zusammengepaßt und ergeben auf elf Meter Seide oder Baumwolle, wie man sie für einen Kimono braucht, ein fortlaufendes indigoblaues oder mehrfarbiges Muster. Die Färbetechnik ist schon sehr alt, möglich, daß man sie schon im 14. Jahrhundert anwendete. Die Samurai-Ritter trugen gern ein bestimmtes kleines Muster, was den späteren *katagami*-Mustern ähnelt. Erhalten ist ein Stück aus dem 15. Jahrhundert. Hier wurde die Schablone aber für Leim- und Wachsauftrag benutzt, um beim Färben weiße Reserven zu erhalten. Für das Zeremonialgewand der Samurai blieb das kleinteilige Schablonenmuster noch lange erhalten. Jede Familie hatte ihr eigenes. Größere, vielfarbig schablonierte Muster kennt man aus dem 16. Jahrhundert. Sie setzten sich vor allem mit Ranken, Blüten, Wellen und geometrischen Mustern für den baumwollenen Sommerkimono durch und werden noch heute angewandt. Trotz mechanischem Druckverfahren hat die Schablonenfärberei sich noch erhalten, und es scheint, daß sie sich wieder steigender Beliebtheit erfreut. Die Lebendigkeit der handwerklichen Kunst läßt sich eben durch maschinelle Perfektion nicht ersetzen. So steigen die Aufträge für die kleinen Werkstätten wieder, und Ausstellungen unterstützen sie.

Es geschieht manchmal, daß die Schönheit überbordet und in eine sanfte Melancholie hinübergleitet. Wären sie starre Tafelbilder, gemalt auf einem Grund aus schwarzem Lack, könnte man diese Bilder wohl kaum ertragen. So aber, vom matten Schimmer der Seide wie zurückgenommen, beginnen die Berge, die fliegenden Krani-

che, beginnen die Wellen und die Reiher im Schilf mit den Bewegungen der Kimono-Trägerin ein eigenes Leben zu gewinnen, ein Leben von einer unwirklichen Wirklichkeit.
Es sind kostbare Gemälde von Meisterhand, kostbar wie die seltenen Augenblicke hoher Feierlichkeit, zu denen die schwarzgrundigen Kimonos getragen werden. Weiß und Gold herrschen vor und steigern das Feierliche.

Dann trat Chao Pi ans Fenster, und während er hinaus auf den zum Fest so veränderten Park blickte, wo hier und da die rotweißen Tücher im Wind schaukelten, sagte er ein wenig unsicher: „Ob es wohl von jetzt an wirklich wärmer wird?" Und aus seiner Stimme klang die Sehnsucht nach der glutheißen Sommersonne.
Von dieser Stimme verlockt, erhob sich Kiyoaki von seinem Stuhl. Im selben Augenblick stieß Chao Pi einen hellen, jungenhaften Schrei aus, so daß sogar sein Cousin erschrocken auffuhr.
„Da ist sie ja! Die schöne Dame, von der wir stillzuschweigen haben."
Und dabei war Chao Pi plötzlich wieder ins Englische zurückgefallen.

Wirklich kam Satoko im langärmeligen Kimono mit ihren Eltern auf dem Weg am Teichufer entlang auf das Haupthaus zu. Im einem herrlichen, kirschblütenfarbenen Kimono, nach unten hin – soviel man aus der Ferne erkennen konnte – mit einem Muster aus Frühlingsschachtelhalm und jungen Gräsern verziert, und als sie jetzt auf die Mittelinsel hinüberwies, war unter ihrem schwarzglänzenden Haar eine Spur von den hellschimmernden Wangen zu sehen.
Auf der Insel waren keine rotweißen Tücher ausgespannt; aber hinter ihr in dem so frischen Grün entlang der Fußpfade auf dem Ahornberg flackerten solche Tücher bald auf, bald verschwanden sie wieder und warfen ihre Reflexe auf die Wasserfläche, wo sie wie rotweiße Teekuchen wirkten.

(Yukio Mishima: Schnee im Frühling, 1969)

Reisen

旅行

„Die Heerstraßen des Landes sind täglich mit einer unglaublichen Menge Menschen und zu einigen Jahreszeiten so stark wie die Gassen in einer europäischen volkreichen Stadt angefüllt; von dem beschriebenen Tookaido, der unstreitig der vornehmste der sieben Hauptwege ist, kann ich das aus Erfahrung bezeugen, weil ich ihn viermal passiert habe. Dieses verursachen teils die starke Anzahl der Einwohner des Reiches, teils die vielen Reisen, die sie, wider die Gewohnheit anderer Nationen, anstellen."

So beschrieb schon 1691 vor nunmehr fast dreihundert Jahren jener berühmte deutsche Arzt Engelbert Kaempfer (1668–1736), der damals in Diensten der in Nagasaki residierenden holländischen Ostindischen Kompanie Japan bereisen konnte.

Nur wenige Jahre später heißt es in einem anderen Bericht: „In Sakai – das war der Hafen von Ōsaka – begaben sich fast ein Drittel der Bevölkerung auf Pilgerfahrt – viele Häuser blieben unbewohnt zurück, so daß die Behörden sich zu dem Erlaß gezwungen sahen, in jeder Familie müsse wenigstens ein Mitglied zu Hause bleiben." Offensichtlich sind die Japaner schon seit alter Zeit ein überaus reiselustiges Volk. Das hat sich wohl nie geändert. Nach Kaempfer lieferte ein anderer deutscher Reisender, Philipp Franz von Siebold (1796–1866), der, wie Kaempfer, den Holländern ebenfalls als Arzt diente und mit der Gesandtschaft der Ostindischen Kompanie nach Edo zum Shōgun reisen mußte, einen Bericht, der dem Kaempfers in vielen Punkten ähnelt: „Wohl in keinem asiatischen Lande ist das Reisen so an der Tagesordnung als in Japan. Die fortwährenden Züge der Landesfürsten aus ihren Provinzen nach Jedo und zurück, der lebhafte Binnenhandel, zu dessen Stapelplatz Ōsaka aus allen Landschaften des Reiches Käufer und Verkäufer strömen, und endlich noch die religiösen Wallfahrten, die so ungemein im Schwung sind, alles das verursacht ein Leben und Treiben auf diesem vereinzelten Inselreich, als ob es dadurch sich zu entschädigen hätte für seine Ruhe und Abgeschlossenheit nach außen. Indessen hat wohl nichts so viel zur Erleichterung des Reisens in Japan beigetragen als gerade jene politische Einrichtung, welche die Landesfürsten bindet, die eine Hälfte des Jahres in Jedo, die andere in ihrer Provinz zuzubringen. Da ihre Ankunft in der Hauptstadt, ihre erste Aufwartung sowie Abschiedsgehör bei Hofe und selbst die Abreise für jeden so genau festgesetzt sind, daß sie einen eigenen Artikel im Staatsalmanach abgeben, so mußten alle die Einrichtungen ins Leben treten, die jetzt den Reisenden eine Sicherheit und Bequemlichkeit verschaffen, wie man sie in anderen asiatischen Ländern wohl vergebens suchen dürfte."

Wer da alles unterwegs ist, beschrieb schon Kaempfer 1691 sehr genau:

„Zuerst nenne ich die großen und kleinen Landesfürsten, die hohen und niederen Gouverneure der kaiserlichen Städte und Landschaften nebst ihrem Gefolge, welche den Weg in der Zeit von einem Jahre hin und her und also zweimal machen, indem sie am Hofe zu bestimmter Zeit erscheinen und wieder von da abreisen müssen. Sie verrichten dies jedesmal in Begleitung ihres ganzen Hofstaats mit einem so zahlreichen und kostbaren Aufzug, als es ihr Stand und Vermögen nur immer erlauben, daher der Zug der größten Landesfürsten den Weg auf etliche Tagesreisen füllt.

Einen Zug der mächtigsten Daimio oder Landesfürsten schätzt man mehr oder weniger auf 20 000, den eines Sjomjo auf die Hälfte und den eines kaiserlichen Stadt- oder Landgouverneurs, nach den verschiedenen Einkünften und Würden, auf ein- oder mehrere hundert Köpfe. Wenn zwei oder mehr solcher volkreichen Aufzüge auf einmal zugleich geschehen sollten, so würde einer dem anderen großes Hindernis und Ungelegenheit verursachen, besonders wenn sie in ein und demselben Sjuku oder Flecken zusammenträfen, welcher mit allen seinen Häusern ohnedies nicht einmal hinreicht, das Gefolge eines einzigen Daimio zu beherbergen. Es lassen daher, um dem zuvorzukommen, die großen Herren, und zwar die größeren einen Monat, die geringeren ein oder zwei Wochen vorher, die Herbergen und Sjuku für gewisse Tage in Beschlag nehmen und die Zeit ihres bevorstehenden Durchzuges in allen Dörfern, Flecken und Städten kundmachen. Dieses geschieht vermittels eines vor und hinter jedem Dorfe und Flecken auf einer ziemlich hohen Stange von Bambus aufgerichteten schmalen, mit wenig Charakteren beschriebenen kleinen Brettes, worauf die Nachricht befindlich ist, an welchem Tage des Monats dieser oder jener Herr daselbst durchreisen, zu Mittag speisen oder das Nachtlager nehmen werde.

Mit Übergehung des voranziehenden Trosses von Bagage, Tragkörben und Handpferden bis auf den Hauptweg will ich hier eine ganze Vorstellung von einem landesfürstlichen Aufzug beifügen; und wenn ich dabei eigentlich nur den von einem Daimio, so wie er uns verschiedenemal begegnet, zum Vorwurf nehme, so kommen also:

I. Ein Vortrab von Quartiermeistern, Schreibern, Köchen und anderen Gehilfen, die in den Gasthöfen für den Fürsten und sein Gefolge zu der nötigen Bewirtung Anstalt machen.

II. Des Fürsten Leibbagage, die teils in Bündeln oder Felleisen, jedes mit einem Leibfähnlein und Namen des Besitzers versehen, auf Pferden geführt, teils in großen, mit lackiertem Leder überzogenen Kästen und mit dem fürstlichen Leibwappen bemalt getragen wird. Jedes Stück ist von verschiedenen Aufsehern zu desto größerer Pracht begleitet.

III. Ein langer Schwarm, der zum Gefolge der höheren Bedienten und Edelleute, welche in Norimons, Cangos oder zu Pferde sitzen, gehört und sie mit Piken, Sensen, Bogen und Sonnenschirmen, Tragkästchen (Palankins) und Handpferden, so wie eines jeden Geburt, Stand und Rang es erfordert, begleitet.

IV. Der Hauptzug des Fürsten in einer besonderen Ordnung, in verschiedene Trupps geteilt, deren jeder einen Marschall zum Anführer hat:

1. Fünf weniger oder mehr mutige Handpferde, jedes von zwei Stallknechten zur Seite und zwei dahinter folgenden Dienern begleitet.

2. Fünf, sechs oder mehrere einzelne kostbar gekleidete Träger mit Fassanbaken oder lackierten Kästchen, auch gefirnißten zierlichen Körben auf den Schultern, worin einige Kleider und andere Sachen für den Fürsten bei der Hand gehalten werden. Jedem Träger folgen zwei Aufwärter.

3. Zehn oder mehr einzeln hintereinander gehende Träger mit Sensen, Piken, kostbaren Säbeln und Schießgewehren in hölzernen lackierten Futteralen, auch mit Köchern samt Pfeil und Bogen. Zuweilen wird dieser Trupp durch dazwischen gehende Fassanbakträger und Handpferde verlängert.

4. Zwei, drei oder mehr ebenfalls einzeln hintereinander gehende Träger mit Prunkpiken, oben mit schwarzen Büschen von Hahnenfedern und gewissen rauhen Fellen oder anderen einem jeden Fürsten eigenen Verzierungen überzogen, jeder in Begleitung zweier nachfolgender Diener.

5. Einer mit dem Sonnenhut, der mit einer schwarzen Samtkappe überzogen ist, begleitet von zwei nachfolgenden Staatsbedienten.

6. Einer mit einem Sombrero oder Sonnenschirm, der ebenso wie der Hut überzogen und ebenso begleitet ist.

7. Verschiedene mit Fassanbaken und Comtoirs, die mit gefirnißtem Leder überzogen und mit des Fürsten vergoldetem Wappen verziert sind. Bei jedem von ihnen befinden sich zwei Aufseher.

8. Sechzehn, auch mehr oder weniger Leibheiducken und Vorgänger des fürstlichen Norimons, je zwei in einem Gliede, wozu die größten Personen, so wie sie nur anzutreffen, ausgewählt und gebraucht werden.

9. Der fürstliche Norimon oder die Sänfte, worin der Fürst sitzt und von sechs bis acht in Livree gekleideten Personen, denen stets ebenso viele andere zur Abwechslung beigegeben, getragen wird. Zu jeder Seite befinden sich zwei oder drei Kammerdiener, um dem Fürsten, wenn er etwas begehrt oder auch beim Ein- und Aussteigen, aufzuwarten.

10. Zwei oder drei mit schwarz überzogenen Sätteln ausgerüstete Reitpferde, deren letzteres auf einer schwarzsamtenen Norikaki einen von ebendiesem Stoffe überzogenen großen Lehnstuhl führt. Jedes Pferd ist mit seinen zugehörigen Führern und Begleitern versehen. Bei vielen pflegen solche Leitpferde vor den Heiducken geführt zu werden.

11. Zwei Pikenierer und

12. Zehn oder mehr Personen, von denen jede zwei ungeheuer große Körbe mehr zum Staate als zu einem Gebrauche vor und hinter sich auf einem Stabe über der Schulter trägt; diesen pflegen sich dann noch einige Fassanbak- oder Kastenträger beizugesellen.

Nach diesem fürstlichen Aufzuge folgen dann weiter:

V. Sechs bis zwölf Handpferde mit Führern und Beiläufern.

VI. Ein zahlreicher Nachtrab der fürstlichen Haus- und Hofdienerschaft mit ihren eigenen Bedienten, Pikenierern und Fassanbakträgern. Einige derselben lassen sich in Cangos, des Fürsten oberster Hausdirektor oder Hofmeister aber in einem Norimon, den man ganz vorn sieht, tragen.

Wenn ein Sohn des Landesfürsten mit auf der Hofreise ist, so folgt derselbe unmittelbar mit seinem Gefolge nach dem Norimon seines Vaters.

So sehr es übrigens bei einem fürstlichen Zuge zu verwundern und zu rühmen ist, daß alle Personen, außer den Piken- und Norimonträgern auch andere Livreebediente, in nichts als in schwarzer Seide gehen, und in was für einer regelmäßigen schönen Ordnung eine so große Menge Volks ohne den geringsten Lärm einherzieht, außer dem, der von dem Rauschen der Kleider und Bewegung der Menschen und Pferde entstehen muß, so belachenswert ist es hingegen, daß die Piken- und Norimonträger sich hinten so hoch aufgeschürzt haben, daß sie alles, außer daß das Schamtuch zu einiger, doch nicht hinlänglichen Bedeckung dient, preisgeben; noch mehr aber, daß die Heiducken, Prunkpiken-, Sonnenhut-, Schirm- und Kastenträger, wenn sie bewohnte Straßen oder andere Aufzüge passieren, einen Narrengang annehmen. Diese ziehen bei jedem Schritte den Fuß beinahe bis ans Kreuz hinauf und werfen zugleich den einen Arm weit hervor, daß es scheint, als wenn sie durch die Luft schwämmen; jene lassen bei eben einem solchen Gange auch die Prunkpiken, den Hut und Sonnenschirm mit jedem Tritte einigemal sich hin und her bewegen, auch den Fassanbak auf der Schulter nicht still liegen. Die Norimonträger haben ihre Ärmel mit einer durchgehenden Schnur aufgebunden und die Arme bloß; sie tragen bald auf der Schulter, bald auf der einen über den Kopf erhobenen Hand und recken den anderen freien Arm mit der flachen Hand horizontal aus, womit sie samt kurzen Tritten und steifen Knien eine lächerliche Furcht und Vorsichtigkeit affektieren.

Die Personen, die eine Betfahrt nach Isje unternehmen, haben gleichfalls, aus was für einer Provinz sie auch kommen mögen, einen Teil der großen Landstraßen zu berühren. Diese Betfahrt wird das ganze Jahr durch, vornehmlich aber im Frühling, unternommen, daher denn der Weg um diese Zeit von solchen Wandersleuten voll ist. Alte und junge, reiche und arme aus beiden Geschlechtern machen sich eine Andacht und Verdienst aus dieser Reise und suchen sich zu Fuße und so gut sie können durchzubringen. Die vielen, die ihre Kost und Zehrgeld unterwegs erbetteln müssen, fallen dann den nach Hofe Reisenden nicht wenig verdrießlich, da sie alle Augenblicke angegangen werden, welches jedoch nicht anhaltend ist, sondern nur einmal mit bloßem Haupte und demütiger Stimme mit diesen Worten geschieht: ‚Großer Herr, gebt dem Betfahrenden nach Isje einen Heller zur Reise.'

Die Einwohner der Stadt Jedo und der Provinz Osju haben vor allen anderen die Gewohnheit, diese Wallfahrt, auch wohl ohne Erlaubnis ihrer Obrigkeit, zu unternehmen, ja, sogar die Kinder, denen begangener Übeltat halber eine Züchtigung bevorsteht, laufen nach ihrem eigenen Sinne von hier vielmals ihren Eltern weg, gehen nach Isje und holen Ablaß, der ihnen dann zur Absolution gültig sein muß.

Da des Volks auf diesem Wege so viel ist, daß in den Herbergen nicht alle unterkommen können, so findet man sowohl viele aus diesem Grunde wie wegen ihrer Armut öfters im Felde übernachten, andere bisweilen am Wege krank und tot liegen; die dabei verlorenen Ablaßschachteln werden von den Findern aufgehoben und in die Zweige des nächsten Baumes oder Strauches gesteckt.

Es gibt auch lose Vögel, die unter dem Schein der Wallfahrt den größten Teil des Jahres hier mit Betteln zubringen, solange sie sich wohl dabei finden; andere wissen diese Fahrt auf eine komische Weise zu einer Bettelfahrt zu machen und das Auge und Geld anderer Leute leichter und mit Kurzweil an sich zu ziehen. Es gesellen sich zu diesem Zweck gewöhnlich vier Personen zusammen, die sich wie die Hofbedienten eines Kuge oder Dairi in ein weißes weites Leinengewand kleiden. Zwei von ihnen tragen mit langsamen Schritten und öfters stillstehend eine mit Tannenzweigen und zerschnittenem weißem Papier ausgezierte und behangene Bahre und auf derselben eine aus leichter Materie gemachte große Glocke, Kessel oder etwas anderes, das aus den alten Fabeln ihrer Vorfahren und Götter etwas abbilden oder vorstellen soll. Der dritte geht aus Hochachtung vor der heiligen Vorstellung mit einem Kommandostabe in der Hand, der oben mit einem weißen Busche geziert ist, voraus und stimmt mit grober Kehle ein Lied an, das darauf paßt. Der vierte geht sodann vor die Häuser oder zu den mildtätigen Zuschauern und sammelt die Gaben. Sie machen dabei ihre Tagereisen so kurz, daß der ganze Sommer daraufgeht.

Man sieht auch hier und da die sogenannten Sjunre, d. i. Pilger, die die 33 vornehmsten und in ganz Japan verstreuten Quanwon-Tempel besuchen, zu zweit und dritt umherziehen. Sie singen Haus für Haus ein Quanwon-Liedchen erbärmlich auf und spielen, wie in Deutschland die Landstreicher, mit einer Violine oder Zither zuweilen dazu, sprechen aber keinen Reisenden um ein Almosen an. Diejenigen Tempel, die sie noch nicht besucht haben, stehen namentlich nach der Reihe auf einem besonderen Brettchen, das sie um den Hals tragen. Sie sind im übrigen mit einem Brusttuch von Leinwand, auch sonst noch besonders, wie es die ganz eigene Sitte bei dieser Wallfahrt erfordert, gekleidet. Vielen gefällt ein solches andächtiges Umherwandern so wohl, daß sie ihr ganzes Leben damit zubringen und durch ein anderes Gewerbe ihren Unterhalt sich zu schaffen gar nicht wünschen.

Sehr sonderbar kommt es einem vor, daß man zur Winterszeit manchmal nackte Leute antrifft, welche nur zur Bedeckung der Scham mit einem Strohbusche umgürtet sind. Diese haben an gewisse Tempel und Abgötter ein Gelübde der Wallfahrt getan, um die verlorene Gesundheit oder sonst etwas anderes für ihre Eltern, Blutsfreunde oder sich selbst dadurch zu erlangen; unterwegs leben sie sehr streng und armselig, suchen keine Almosen und gehen allezeit einzeln und ohne daß sie sich viel aufhalten ihren Weg fort.

Das Gewimmel auf unserem Wege wird ferner nicht wenig durch die geringen Krämer und Bauernkinder vergrößert, die bis in die Nacht umherlaufen und den Reisenden ihre armseligen Waren anbieten, wie allerlei Gebackenes, worin der Zucker kaum zu schmecken ist, Mehlkuchen, allerhand mit Wasser abgesottene Wurzeln, gedruckte Wegweiser oder Reisebücher, Strohschuhe für Menschen und Pferde, Seile und Stricke, Zahnstocher und andere nach Gelegenheit des Ortes aus Stroh, Bisam, Bambus und Holz gemachte Kleinigkeiten. So stehen auch an vielen Orten in und unweit den Dörfern eine Partie Träger mit Cangos oder Sänften, auch Knechte mit nachlässig und schlecht gesattelten Pferden bereit, welche sie den ermüdeten Fußgängern bis zur nächsten Post oder soweit sie wollen für einen geringen Lohn anbieten. Es sind dies gewöhnlich Leute, die etwas auf eine Station gebracht haben und leer wieder zurückkehren.

Schließlich gehören noch die unzüchtigen Weibspersonen in den großen und kleinen Herbergen, Teebuden und Garküchen in den Dörfern und Flecken der großen Insel Nippon hierher, weil sie, sobald sie gegen Mittag gekleidet und geschmückt sind, den Reisenden von dem Sitze der Galerie vor ihren Häusern stets entgegenschauen, sie – die eine hier, die andere dort – mit einem weit schallenden, liebkosenden Geschrei zur Einkehr einladen und ihnen die Ohren vollschwatzen. In den Sjuku oder Postflecken, wo verschiedene Herbergen nebeneinander stehen, ist es in diesem Stücke am ärgsten."

Ja, die moralischen Europäer, so furchtbar unangenehm werden dem alten Kaempfer diese Mädchen letzten Endes nun wohl auch wieder nicht gewesen sein.

Eine Art Reisende scheint Kaempfer aber vergessen zu haben, die Dichter und Künstler; er mag ihnen wohl nicht begegnet sein. Zur gleichen Zeit, als Kaempfer unterwegs war, reiste auch Enkū durch die Lande. Er war ein Mönch der Tendai-Schule und wanderte eigentlich sein ganzes Leben lang. Wo er blieb, schnitzte er eine heilige Figur, einen Bodhisattva, einen Jizō-Heiligen, auch Selbstportraits. Überall, von Nord bis Süd, von Hokkaidō bis Okayama, im ganzen Inselreich findet man in den Tempeln seine Holzskulpturen. Mokujiki Gyōmyōman (1718–1810) hatte in seinem fünften Jahrzehnt ein Gelübde abgelegt, durch ganz Japan zu wandern und dort, wo er verweilen wollte, eine buddhistische Statue zu schnitzen. Der Legende nach soll er 60 000 Meilen gelaufen und an die 2000 Statuen geschnitzt haben, von denen noch dreihundert erhalten sind.

Als Reisender berühmt aber ist vor allem Matsuo Bashō (1644–1653), einer der bedeutendsten Dichter Japans und Erneuerer des Haiku-Kurzgedichtes. Er schrieb einen Reisebericht, eigentlich ist es mehr ein Reisetagebuch über seinen „Weg durch den Hohen Norden" (Oku no Hosomichi), vielleicht das Schönste, was zumindest in Japan – je über Reisen geschrieben wurde. Es enthält so viel über das japanische Reisegefühl, das nicht nur Aufbruch, Fortkommen, Vergnügen und Ziel ist, es ist auch Abschied und Wehmut der Unrast. Bashō beginnt diesen „Reisebericht" so: „Monate und Tage sind flüchtige Gäste auf ewig und mit ihnen Wanderer die Jahre, die da kommen und gehen. Wer sein ganzes Leben auf dem Schiffe verbringt oder das Pferd am Zaume führend dem Alter entgegenschreitet – Tag für Tag unterwegs, hat er zur Wohnstatt die Reise. Auf der Reise starben vorzeitig gar viele der vortrefflichsten Männer. Und auch mich läßt seit so manchem Jahr das Verlangen nicht los, den vom Sturm zerzausten Wolken gleich dahinzutreiben; also daß ich, nachdem ich an fernen Küsten gewandert, im vorigen Herbst erst die verstaubten Spinnweben aus der verfallenen Hütte hier am Flusse zu fegen begann. Bald aber endete das Jahr, und unterm Dunsthimmel des frühen Frühlings überkam mich, mein Herz verwirrend, die Versuchung zu neuem Aufbruch: über die Grenzschranke von Shirakawa hinaus. Ja, einmal aufgerufen von den Wegegöttern, war ich zu nichts sonst mehr fähig. Ich flickte die Risse in meinen Hosen, ich wechselte am Bambushut die Schnur, ich setzte mir die heilende Moxa-Glut an den Drei-Meilen-Punkt unterhalb der Knie, und schon eilten meine Gedanken voraus zum Mond über Matsushima."

Nun, dreihundert Jahre sind, gemessen an der gesamten japanischen Kulturgeschichte, gar nicht einmal eine so lange Zeit. Auch die Lust am Reisen ist in Japan sehr viel älter. Bereits das „Kopfkissenbuch der Hofdame Sei Shōnagon", entstanden um das Jahr tausend, verrät allerlei über den Drang der Japaner jener Epoche zum Reisen. Für die Hofdamen war es natürlich jedesmal so etwas wie ein Ausbrechen aus dem mehr oder weniger strengen, zeremoniellen Leben bei Hofe. So unternahmen sie Landpartien und Pilgerfahrten zu den in den Bergen gelegenen Tempeln. Gewiß werden sie mit dem Ochsenwagen, die sie meist für solche Reisen verwenden mußten, am Tag nicht sehr weit gekommen sein, aber einige zig Kilometer waren es schon. Einmal ist Sei Shōnagon mit ihren Damen zum Hasedera-Tempel gepilgert. Sie waren von Kyōto gewiß mehrere Tage unterwegs. Heute führt eine Eisenbahnlinie am Hasedera-Tempel vorbei.

Von wieviel Reisen berichtet auch das „Ise-monogatari", jene Kavaliersgeschichten aus dem 10. Jahrhundert. Häufig zwar machte sich der Kavalier Narihira, Held und möglicherweise Autor des Ise-monogatari – oder einer der anderen seiner Helden –, zum Vergnügen auf, die schönsten Plätze rings um die Hauptstadt zu besuchen. Reisten sie aber nach Osten, hatte das nicht selten politische Gründe oder auch familiäre. Da kamen sie manchmal sogar bis in die Gegend des heutigen Tōkyō und weiter, mehr als sechshundert Kilometer von der damaligen Hauptstadt Heiankyō, die jetzt Kyōto heißt, entfernt. Trotzdem, wenn ihnen das Reisen bei aller Melancholie nicht auch Vergnügen bereitet hätte, hätten sie vielleicht auch einen anderen Ausweg aus ihrem Dilemma gesucht.

Im Kapitel 9 des Ise-monogatari heißt es:

„Einmal war da ein Kavalier, der wollte, da er sich überflüssig vorkam, nicht länger in der Hauptstadt bleiben, sondern nach Osten aufbrechen, ob er nicht ein Land fände, in dem sich leben ließe. Einige alte Freunde begleiteten ihn. Weil aber keiner den Weg kannte, ritten sie ein über das andere Mal in die Irre, bis sie in der Provinz Mikawa eine Stelle erreichten, die man als Achtbrücken bezeichnete. Der Name rührte daher, daß sich dort ein Wasserlauf wie Spinnenbeine zerteilte und man über jeden Flußarm einen Steg geschlagen hatte. An diesem morastigen Platz stiegen sie im Schatten der Bäume von ihren Pferden und verzehrten das karge Mahl der Reisenden. Im Sumpf standen die anmutigen Kakitsubata-Schwertlilien in voller Blüte. Bei ihrem Anblick meinte einer der Begleiter: ‚Beschreibt doch einmal solche Reisegefühle in einem Gedicht, in dem jede Zeile mit einer Silbe der Blume Kakitsubata beginnt.' Und der Kavalier rezitierte:

Oh, daß ich das Gewand,
das vertraute, daß ich sie,
die Geliebte, verließ!
Fremder werden die Lande,
bittrer die Sehnsucht nach ihr.

Da fielen ihnen allen Tränen auf den trockenen Reis, bis die Körner davon aufquollen.

Hierauf zogen sie weiter und immer weiter, zogen durch die Provinz Suruga und kamen an den Berg Utsu. Dort war der Weg, der vor ihnen lag, so düster und schmal, dazu noch von Efeu und Ahorn überwuchert, daß sie schon beklommenen Herzens fürchteten, sie könnten in ein schreckliches Abenteuer geraten, als ihnen ein wandernder Mönch begegnete, der sie anredete und sprach: ‚Was treibt Euch, Ihr Herren, auf solchen Pfaden zu reiten?' Wie sich zeigte, kannten sie einander von Ansehen, und der Kavalier gab ihm an eine gewisse Dame in der Hauptstadt dies als Botschaft mit:

Wie einsam ist mir,
da ich hier in Suruga
am Berge Utsu
weder wachend noch im Traume
Euch in Armen halten kann!

Um das Ende des fünften Monats dann erblickten sie den Fuji; aber selbst jetzt war der Gipfel bedeckt mit weißem Schnee, und so dichtete der Kavalier:

Unzeitiger Fuji!
Oder in welchem Monat,
meint er, leben wir,
daß er noch immer des Schnees
weißfleckiges Hirschfell trägt?

Dieser Berg ist so hoch, daß man, um ein hiesiges Beispiel zu nehmen, den Berg Hiei zwanzigmal aufeinandertürmen müßte; in seiner Form erinnert er an einen Salzkegel.

Wieder zogen sie weiter und immer weiter und gelangten zwischen den Provinzen Musashi und Shimōsa an einen mächtig breiten Fluß, den man Sumidagawa nennt. Am Ufer dieses Flusses versammelten sich die Reisenden. Trauer überkam sie; sie dachten an den unendlich langen Weg, den sie bis hierher zurückgelegt hatten. Da rief der Fährmann: ‚So steigt schon ein, Ihr Herren, es beginnt zu dunkeln!' Und als sie in das Boot kletterten, um sich übersetzen zu lassen, taten sie es in wehmütiger Erinnerung; denn es war keiner unter ihnen, der nicht in der fernen Hauptstadt eine ihn zärtlich Liebende wußte. In ebendiesem Augenblick strich ein schnepfengroßer weißer Vogel mit rotem Schnabel und roten Beinen über das Wasser und schnappte nach den Fischen. Es war ein Vogel, wie sie ihn in der Hauptstadt nie gesehen hatten, und nicht einer kannte seinen Namen. Deshalb fragten sie den Fährmann, der ihnen erwiderte: ‚Wir nennen ihn Hauptstadtvogel.'

Wenn es denn wahr ist,
was dein Name verheißt –
sag, Hauptstadtvogel:
wie mag es ihr ergehen,
lebt sie noch, die ich liebe?

So dichtete der Kavalier, und allen im Boot wurden die Augen feucht."

Das ist alles lange her, aber was ist heute – reist man in Japan, reist der Japaner immer noch so viel? Nun, das ist ganz gewiß, man kann das sogar im Ausland beobachten und weiß das in Amerika wie Europa genau. Es sind nicht einmal die großen Gruppenreisen, von denen die Medien gerne berichten. Die internationalen Touristenzentren haben längst erkannt, was sie an der individuellen Reiselust der Japaner haben, und manchen Prospekt, manche Sehenswürdigkeit, wenn international, auch japanisch beschriftet. Das hat dazu geführt, daß viel mehr Japaner sich nun auch zutrauen, allein oder nur zu zweit im fremden Land zu reisen.

Japan selbst ist ein Reiseland par excellence. Es ist reich an landschaftlichen Schönheiten, Bergen, Wasserfällen, heißen Quellen, Vulkanen, reich an kulturellen Sehenswürdigkeiten, Tempeln, Schlössern, Gärten und Erinnerungsstätten, wohl ausgestattet mit Beherbergungseinrichtungen aller Kategorien von westlich bis japanisch im Stil und einem dichten Verkehrsnetz. Allein drei große Superexpreßlinien durchqueren das Land von Süd nach Nord, zahlreiche andere Expreßlinien und Kleinbahnen sowie Bus- und Schiffslinien erschließen das Inselreich. Und es gibt immer etwas zu betrachten, „Glanz zu betrachten" – *kankō*, wie es auf Japanisch heißt, und überall kommt man bequem hin.

Betrachtet man diesen Glanz als Fremder, begibt man sich in Japan auf Reisen und macht dabei ordentlich die Augen auf, so hat man das Gefühl, fast die Hälfte der Japaner sei ständig unterwegs und davon die Hälfte zum reinen Vergnügen, daß man sich manchmal fragt, wann arbeiten sie eigentlich in diesem Land. Zum allgemeinen Image vom arbeitswütigen Japaner will das nicht so recht passen. Gewiß, der offizielle Urlaub scheint immer noch ein Problem, aber das ist mehr eine Frage des Arbeitsrechts. Es muß aber außerdem noch eine Menge anderer Möglichkeiten geben, eine Reise, eine Vergnügungs-, eine Kankō-Reise zu unternehmen, und wenn es nur zwei, drei Tage sind. Wochenlang sich an einem Ort zwecks Ferien aufzuhalten, am Strand zu faulenzen, liebt man in Japan sowieso nicht, dafür hat man nicht das Sitzfleisch. Aber andere Anlässe gibt es genug. Ins heiße Quellen-Bad reist man gern, zu berühmten Festen, zu Tempeln und Künstlern. Dann ist da zum Beispiel im Frühling die Kirschblütenschau, und im Herbst gibt es das Herbstlaubbetrachten, seit Jahrhunderten schon literarisch geworden und immer noch Grund, irgendwohin an einen Ort zu reisen, wo die Kirschblüten oder das rote Herbstlaub besonders schön sich entfalten. Um diese Jahreszeiten sind die Züge, so häufig sie fahren – der Hikari-Superexpreß von Tōkyō nach Ōsaka und weiter durchschnittlich alle zwanzig Minuten –, dann oft voll besetzt. Man ist nie wirklich gereist, hat nie das richtige, bequeme Reisegefühl erfahren, wenn man nicht einmal in diesem Hikari-Blitz-Zug gefahren ist, und das auch jetzt noch, wo die europäischen Intercity-Züge auch nicht gerade schlecht sind: Im Hikari verbeugt sich der Schaffner höflich, wenn er den Wagen betritt, um die Karten zu kontrollieren. Er bringt einem Decken, wenn man schlafen möchte, und an Essen und Trinken ist kein Mangel. Es gibt Buffet- und Speisewagen, aber vor allem Mädchen – oder Jungen –, die mit kleinen Servicewagen unterwegs sind. Sie bieten alles, was man nur mag, von Sandwiches bis zu *o-bentō*: Schachteln gefüllt mit Reisröllchen, gebackenem Fisch, Pickels usw., alles nicht teurer als außerhalb des Zuges. Viel Gepäck mitzuschleppen ist kaum nötig. Das Wichtigste stellt ja meist das Hotel. Nur wenn man zurückkehrt, dann sieht es allerdings ein wenig anders aus. Denn von jeder Reise muß man ja schließlich etwas mitbringen von dem, „was an jenem Ort – den man besuchte – entstanden ist", *o-miyage* nennt man das auf Japanisch, für sich und andere, vor allen Dingen andere. Das sind nicht nur die daheimgebliebenen Familienmitglieder, Freunde gehören dazu, Kollegen und auch, so vorhanden, die eigenen Angestellten. Es muß nichts Großes sein und kann sich sogar auf ein spezielles *o-bentō* beschränken. Aber es häuft sich, und so türmen sich Tüten und Schachteln in den Gepäcknetzen über den Köpfen zu Bergen. Trotzdem passiert es, daß jemand erschrocken aufschreit: „Oje, ich habe ja etwas für Momoko vergessen. Aber das ist kein Grund zur Aufregung. Spezialitäten, die *meibutsu* – berühmten Dinge – der durchfahrenen Gegenden, sind ebenfalls im Zug zu haben. Manch einer hat sich da schon mit eingelegtem Wasabi-Meerrettich aus Shizuoka beholfen. Ihm wurde deswegen nicht weniger herzlich gedankt.

Diese Spezialitäten spielen eine große Rolle ob als Eßbares oder als Kunsthandwerk. In allen Reiseführern werden sie seit je ausführlich beschrieben und sind ein großes Geschäft. Doch wenn es sich um Gerichte handelt, dann sind sie sogar in den dicken Fahrplänen vermerkt, unten auf jeder Seite als Randleiste. Japan ist wahrhaftig ein Reiseland, das man genießen kann.

Reisen
Ryokan

旅行
旅館

Japan, das Reiseland, besitzt viele schöne Hotels, die elegant sind im internationalen Stil, komfortabel und angenehm in ihrer ruhigen Atmosphäre, mit traumhaftem Service und viel Freundlichkeit. Manche von den großen Hotels beherbergen in ihren Mauern eine ganze kleine Stadt mit Läden aller Art, Sportstätten, natürlich Swimmingpool, Friseur, Massage und einer Unzahl verschiedener Restaurants. Manchmal hängen sogar richtige Kunstwerke an den Wänden der Zimmer und der Halle, nicht nur Hoteldekorationen, und die Atmosphäre ist, trotz aller Internationalität, von jenem gewissen japanischen Flair, das nirgendwo sonst zu finden und unnachahmlich ist. Und trotzdem, ein echtes Ryokan, ein Hotel oder Gasthof japanischen Stils – Reise-Haus, wie es japanisch heißt –, wird es nie erreichen, besonders, wenn es sich bei dem Ryokan um eines der kleineren handelt, der intimen, mit kaum mehr als acht oder zehn Zimmern. Tatsächlich gibt es sie noch, nur erkennt man sie selten von außen. In den Großstädten wie Tōkyō oder Kyōto liegen sie meist versteckt hinter Mauern und Hecken oder ducken sich hinter anderen Häusern. Ihre Eingänge sind selten breit, weil schon seit alter Zeit die Grundstücke in den Städten vorne schmal wie ein Handtuch waren und sich erst nach hinten erweiterten. So kommt es, daß sie verhältnismäßig ruhig sind und man vom brausenden Verkehr der Städte kaum etwas mitbekommt.

Das Ryokan in Kyōto liegt in einer jener typischen alten Straßen, deren Häuser sich mit einer hölzernen „Fassade", Gitterwerk fast, nach draußen abschließen. Hinter dem Tor führt ein schmaler, mit Natur- und Hausteinen belegter Pfad wie in einem Teegarten zum Hauseingang mit hoher, podestähnlicher, blankpolierter dunkler Holzstufe. Die Schiebetüren sind zurückgeschoben, ein einfacher Stellschirm schützt das Innere vor fremden Blicken und gibt gleichzeitig einen einladenden Schmuck ab. Niemand zeigt sich. Im großen Krug in der Ecke zum Küchenbau stecken ein paar Schirme, kein einziges Paar Schuhe steht vor den Steinstufen: „Sumimasen – Entschuldigen Sie bitte" und noch einmal „sumimasen!" Es ist noch früh am Nachmittag, die Bedienerin scheint irgendwo hinten im Haus beschäftigt. Endlich, beim dritten Mal, hört man leise Schritte: „Ach, verzeihen Sie, ich habe Sie warten lassen, herzlich willkommen." Die O-Nesan läßt sich auf die Knie nieder und verbeugt sich tief. Man verbeugt sich ebenfalls, und schon ist man halb angekommen, als der geehrte Gast zwar, von dem man aber auch ein wenig, wenn nicht Unterordnung, so doch Anpassung erwartet. Aber das tut man gern, bedeutet diese Anpassung doch auch Geborgenheit und Sorglosigkeit. O-Nesan wird sich schon um alles kümmern, man kann ruhig seinen Geschäften nachgehen oder die alte Kaiserstadt genießen. „Schön, daß Sie da sind!" Die O-Nesan greift dann flink nach dem Gepäck, um zum Zimmer vorauszugehen. Sie führt mich durch einen schmalen Gang zu einem winzigen Gärtchen: Steinlaterne, Wasserbecken, ein paar Sträucher; rechts davon liegt das Zimmer.

Ein gutes Ryokan-Zimmer besteht fast stets aus zwei Räumen, einem kleinen Vorraum, in den man nachts, bevor die Betten ausgebreitet werden, den großen, aber niedrigen Tisch schiebt. Dahinter befinden sich dann meist auch Waschraum und Toilette. Im Augenblick der Ankunft steht der Tisch im Hauptraum, ein wenig zur Wand, zur Schmucknische mit dem Regal und dem Schränkchen daneben. O-Nesan hat das Gepäck in eine Ecke gestellt, wo auch der altertümliche, fast wie ein *tori'i*-Tor geformte Kleiderständer steht, der, eigentlich für die weiten Ärmel des Kimonos gedacht, nun aber durch Haken auch für westliche Kleidung funktionstüchtig ist.

Aufatmend läßt man sich auf das dicke Sitzkissen am Tisch nieder. Nach wenigen Minuten ist die O-Nesan schon wieder da, ein Tablett mit Teezeug und einem kleinen Schälchen, auf dem ein in schönes *Washi*-Papier eingepackter kleiner Maronenkuchen liegt, eine Spezialität Kyōtos. O-Nesan schenkt ein und läßt sich selbst für einen Moment am Tisch nieder. Immer weiß sie, was in Kyōto gerade los ist. Ob es eine gute Nō-Theateraufführung gibt, wo die Pflaumen, die Kirschen am schönsten blühen oder das Herbstlaub am rötesten flammt, je nach Jahreszeit. Auch mit den Festen kennt sie sich aus und wann welche Tempel geöffnet sind. Tee und Kuchen sind köstlich wie immer; jetzt ist man ganz angekommen.

Abends dann nach dem Bad, das hier in dem kleinen Ryokan noch ein allgemeines ist, hat O-Nesan das Bettzeug ausgebreitet, eine Stehlampe ans Kopfkissen gestellt. Dann dauert es nicht lange, nach einem leisen Kraspeln an der äußeren Tür und einem „Gomen-kudasai – Entschuldigen Sie bitte" bringt sie fürsorglich noch eine Kanne Eiswasser, ein Glas und eine Taschenlampe, damit man sich nachts schnell zurechtfindet. Dann fragt sie noch: „Und wann möchten Sie frühstücken?" Diese Uhrzeitangabe ist eine Entscheidung, denn pünktlich genau läßt dann am anderen Morgen die O-Nesan ihre Stimme ertönen: „Ohayō gozaimasu – Guten Morgen!" Eine kleine Weile zögert sie dann, doch nur eine Weile, schließlich schlüpft sie zur Schiebetür herein, und mit einem „Sumimasen – Entschuldigung" hat sie schon das Bettzeug gepackt und im großen Wandschrank verstaut. Da gibt es kein Pardon, aber man gewöhnt sich daran. Jedoch zwischen dem abendlichen „O-yasumi nasai – Ruhen Sie sich gut aus" und dem morgendlichen „Guten Morgen" ist eine angenehme Nacht gesetzt. Wohlig streckt man sich aus im *futon*, das auf dem mit fünf Zentimeter dicken, sehr elastischen Reisstrohmatten bedeckten Boden ausgelegt ist: zwei Baumwollmatratzen, ein, zwei Steppdecken und ein mit Buchweizenspelzen gefülltes Kopfkissen, angenehm für strapazierte Nackenwirbel. Das alles ist nicht gerade weich, aber die Glieder, der Rücken entspannen sich.

Im Fernsehen, das heute natürlich, wie in jedem anderen japanischen Hotel, obligatorisch ist, läuft vielleicht gerade eines der beliebten Familiendramen oder, noch besser, ein historisches Stück mit schönen Kostümen – es kann schon gemütlich sein in einem solchen *futon*. Bald aber löscht man das Licht. Noch eine Weile zucken die Scheinwerfer der vorbeifahrenden Autos über die weißen, papierbespannten *shōji*-Fenster, doch gegen Morgen dann werden diese *shōji*-Fenster ihre ganze Schönheit entfalten: Langsam dringt das Licht durch das weiße Papier, verteilt sich fast schattenlos im Zimmer, das Gitterwerk wirkt als beruhigendes Ornament. Ihre sanfte Helligkeit läßt keine Unruhe aufkommen. So nimmt man O-Nesans gebieterisches „Ohayō gozaimasu!" durchaus gelassen hin.

Nicht alle Ryokan-Gasthöfe sind so klein, so individuell, daß man das Gefühl hat, bei der Frau Tante zu Besuch zu sein. Heute gibt es auch große Kästen mit viel Betrieb und Lärm. Sie sind für Gruppenreisen und Schulklassen gut. Doch betrachtet man sich diese kleinen und vergleicht ihre Einrichtung, ihre Zimmer mit dem Bericht des alten Engelbert Kaempfer, so muß man staunen, wie wenig sie sich eigentlich verändert haben, sieht man von fließendem Wasser, Toilette und Fernseher einmal ab. Die Grundstruktur hat sich noch immer erhalten, über mehr als dreihundert Jahre; man kann sie heute kaum anders schildern.

Mit Herbergen ist unsere Heerstraße ebenwohl ziemlich versehen. Die ansehnlichsten findet man in den Postflecken, daselbst auch die jährlich auf und ab reisenden Herren einkehren, weil sie alle Bequemlichkeit haben können. Sie sind wie andere wohlgebaute Häuser von einem Stockwerke, oder wenn etwa noch eins wäre, so ist es niedrig und kann zu nichts als zu einem Magazin gebraucht werden. Sonst haben sie die Breite eines ordentlichen Wohnhauses, eine Tiefe oder Länge von manchmal 40 Klaftern, nicht ohne Zierde, und dahinter einen Tsubo, d. i. Haus- oder Lustgärtchen, das mit einer sauberen weißen Wand eingefaßt ist. Von vorne sind diese Häuser mit hölzernen Schiebladen versehen, welche nebst den Schirmwänden der inneren Gemächer, wenn keine vornehmen Gäste da sind, bei Tage allezeit offenstehen, so daß ein Vorbeigehender durch die dunklen Kammern gleichsam als durch ein Perspektiv in den Lustgarten sieht. Der Estrich ist einen halben Klafter erhöht; von demselben ragt gegen die Straße und den Garten eine hölzerne Galerie unter einem Vordache hervor, deren sich die Gäste aus Zeitvertreib zum Austritt und Sitzplatz bedienen und von da auch wohl auf die Pferde steigen, um auf der Straße an den Füßen nicht kotig zu werden.

Einige Herbergen haben zur Seite einen Eingang, der für vornehme Gäste bestimmt ist und wodurch sie aus dem Norimon alsbald in ihr Zimmer abtreten können, ohne im Vorhaus sich schmutzig zu machen.

Das Vorhaus ist dunkel und unansehnlich, mit schlechten weichen Matten belegt und mit einfachen Schiebetüren abgeteilt. In diesem befindet sich die Küche, aus welcher öfters alles mit Rauch überzogen wird, weil kein Schornstein, sondern nur etwa ein Rauchloch im Dache da ist. Die gemeinen Passagiere haben denn hier bei dem Haus- und Küchengesinde ihr Quartier.

Das Hinterhaus hingegen wird zur Bewirtung vornehmer Gäste jederzeit so sauber unterhalten, daß man auf den Fußmatten, an Türen, Wänden, Schirmen und Fensterjalousien nicht den geringsten Flecken sieht, sondern alles wie neu ist. Im übrigen findet der Gast nur leere Kammern zu seinem Logis, ohne Tisch, Stuhl noch sonstige Möbel, außer daß darin ein und andere Miseratsien, d. i. bewunderungswürdige und bei der Nation hochgeachtete, zum Teil kostbare Stücke, niedergelegt sind, mit deren Besichtigung er denn eine müßige Stunde zubringen sowie auch des nahebei gelegenen Tsubo oder schön und künstlerisch eingerichteten Lustgärtchens zu seinem Austritt und zur Gemütsveränderung sich bedienen kann.

(Engelbert Kaempfer, 1691)

In den Ryokan, den Reisehäusern, sei es nun in einem Badeort oder in der Stadt, hat sich noch viel von der alten Atmosphäre und nicht nur von dieser, auch von der Architektur und der Einrichtung erhalten: die alten Ziegeldächer im Stil des *irimoya,* ähnlich dem, was wir Fußwalmdach nennen, das papierbespannte Holzgitterwerk der weit sich öffnenden *shōji*-Schiebefenster. Im Innenraum dann dazu die *tatami*-Matten ca. 180 mal 90 cm in der Abmessung, eingefaßt mit dunklem Stoff. Gegeneinander gelegt, ergeben sie einen ausgewogenen Raster, der im Zusammenhang steht mit dem Abstand der Stützpfeiler – ein Modulor, ausgerichtet auf das menschliche Maß. Nostalgie? Mehr, es ist im japanischen Klima eine der angenehmsten Arten zu wohnen, und auf Reisen möchte man ja genießen. Manche Ryokans, Gasthöfe im klassischen Stil, waren einst Bürgerhäuser und haben noch heute diesen Charakter nicht verloren. Auch haben sie sich wohl nicht so sehr voneinander unterschieden, im Grundsätzlichen jedenfalls nicht, und ein Garten gehörte schon immer dazu, wenn auch noch so klein. Japan ist ein gebirgiges Land, die großen Städte in den Niederungen waren schon immer knapp mit Boden, Kyōto zum Beispiel, auch und vor allem Tōkyō, das, als es noch Edo hieß, schon eine Millionenstadt war. Die Grundstücke sind schmal und lang, und da Fassade in der japanischen Architektur im eigentlichen Sinne keine Rolle spielt, richten sich alle Bemühungen nach innen.

Von der Straße her gesehen wirken die meisten Anwesen deshalb oft sehr bescheiden, meistens aber bestehen sie aus mehreren Trakten, wozu auch ein feuerfester Speicher gehört. Dazwischen ist immer noch Platz für ein kleines Gärtchen, und wenn es manchmal nicht mehr als eine Kiefer ist; etwas Grün muß einfach sein. So lernte man früh zu abstrahieren, sich auf Wesentliches zu konzentrieren, Üppigkeit ist nicht beabsichtigt. Es genügen ein Wasserbecken, etwas Strauchwerk, Binsen, Kies, und schon ist so etwas wie die Andeutung einer Landschaft entstanden. Sie zaubert Natur in die eng bebaute Stadt, und die Phantasie vollendet das Bild. Eine alles umschließende Mauer gibt den gemäßen Rahmen, schirmt ab vom Lärm der Stadt. Das Wasserbecken, ursprünglich der Basisstein einer großen Laterne, zeigt den Einfallsreichtum des Gartenmeisters, und die Gäste finden hier einen Ort der Ruhe.

Reisen
Bei Tisch

旅行食

Sitzt man mit japanischen Freunden bei einem guten Mahl zusammen, genießt eine kleine Schüssel nach der anderen, kommt nicht selten das Gespräch auf andere Gerichte, auf Spezialitäten einer bestimmten Küche oder besondere Kräuter und Gemüse, wie sie da und da besonders aromatisch gedeihen. Dann die vielen Fischsorten, jede Küste hat besondere, an jeder Küste haben sie aber auch besondere eigene Namen, schwierig für einen Fremden, da durchzufinden.
Dabei dann die Erinnerungen an frühere Zeiten, wie gut das damals alles war. Nun, das hat nichts damit zu tun, daß man mit den gerade vorgesetzten Speisen unzufrieden ist. Im Gegenteil, eine gute Suppe weckt gleich die Erinnerung an eine andere gute Suppe. Auf die Frage, warum man in Japan beim Essen so gern vom Essen rede, kam keine rechte Antwort. Vielleicht, so meinte man, steigere das den Genuß. Oder, fügte ein anderer hinzu, ein rechtes Gespräch bei einer gemeinsamen Mahlzeit ist immer etwas Gutes, aber es sollte harmonisch sein und keinem wehtun. Ist da nicht ein Gespräch über schmackhafte Gerichte und einen ebensolchen Fisch nicht das beste?

Jedenfalls mißt man in Japan dem gemeinsamen Essen besonders große Bedeutung zu, als Fest der Kommunikation, der Gemeinsamkeit, die Menschlichkeit entstehen läßt. Das beginnt mit der Hochzeitsfeier, dem gemeinsamen Reisweintrinken vor dem Shintō-Priester und dem anschließenden großen Hochzeitsmahl mit Verwandten, Freunden, Kollegen. Dann kommen die Neujahrsfeiern, meist mit Kollegen und Freunden, die „Bonen-kai" oder „Vergessen-das-Jahr-Feiern", die Examensfeiern natürlich auch, bis zu den Totenfeiern und den Totengedächtnisfeiern, die in bestimmten Jahresabständen stattfinden und immer wieder Freunde und Verwandte des Verstorbenen zusammenführen zu einem gemeinsamen Mahl. Schließlich zwischendurch die vielen Essen, die dem Kennenlernen dienen, soll der Eingeladene nun Ehepartner oder Geschäftspartner werden, und viele ähnliche. Dabei wird gar nicht immer etwas Konkretes besprochen, es geht meist mehr um die Stimmung, das Aufeinandereinstimmen, die Kommunikation, ein „Abendmahl" ins Weltliche transponiert.
Zwar kann man sich heute in den japanischen Großstädten durch die ganze Welt essen. Nichts ist so exotisch, daß es nicht in Tōkyō oder Ōsaka gekocht würde: Asiatisches, Südasiatisches, Europäisches aller Länder und auch die unvermeidlichen McDonalds. Doch die Hauptrolle spielt noch immer die eigentliche japanische Küche, wenn es auch nicht sofort auffällt.

Allerdings darf man sich bei all diesen Feiern, bei den Essen japanischen Stils, nicht eine bukolische Schmauserei vorstellen, aber doch einen hohen Genuß, und zwar in zweierlei Hinsicht, für Gaumen und Augen nämlich. Allerdings wird der europäische Gaumen manchmal Verständigungsschwierigkeiten haben, doch die Augen kommen voll auf ihre Kosten. Dazu ist kein Eisschwan und keine Cremerosette nötig.
Ein wichtiges Merkmal der japanischen Küche ist es, daß viele Zutaten sehr wenig bearbeitet und möglichst nicht vermischt werden. Nur so entfalten sie ganz ihr eigenes Aroma und auch ihre Schönheit, das zarte Rosa der hauchdünnen rohen Karpfenscheiben, das kräftige Orange der gerade nur gebrühten Garnelen, das frische Grün der Blattgemüse und der schwarze Glanz des Seetangs, zusammengestellt zu künstlerischen Arrangements, zu Assemblagen von höchster Ästhetik; ein Sträußchen Petersilie, irgendwo eingesteckt, tut es da nicht, es muß alles aufs genaueste zusammenpassen, und nichts ist als Material dafür zu gering: Ein Bambusblatt, Ginkgonüsse, zwei, drei paarige Kiefernnadeln können von großer Wirkung sein. Zu dem Gericht müssen dann auch die Gefäße passen, Geschirr kann man nicht eigentlich sagen, denn vielerlei Dinge werden dafür verwendet, edles Porzellan natürlich auch, doch in gleicher Weise schwere Keramik, Holzschalen oder -bretter, Lackgefäße verschiedener Art, Körbe, sogar große Blätter. Service von gleicher Form und gleichem Dekor sucht man vergebens, es wäre zu langweilig, und es ließe sich nicht auf die einzelnen Gerichte abstimmen, ihre Formen, ihre Farben, wobei die Jahreszeit ebenfalls mitspielt.

Selbst fast grotesk Anmutendes, wie die steinfarbenen Kreiselschnecken, bekommt unter den arrangierenden Händen des japanischen Kochs ein reizvolles Aussehen, wird ein zum Kunstwerk stilisiertes Objet trouvé: Auf einem schwarzen Keramikteller wurde grobes Salz aufgehäuft und da hinein zwei große Kreiselschneckenhäuser gebettet. Ihr gekochtes weißes Fleisch schnitt man in kleine Streifen und füllte diese zusammen, mit in Quadrate geschnittenen braunen Baumohrenpilzen in die Schneckenhäuser. Darauf legte man zwei, drei gekochte gelbe Ginkgo-Nüsse und drei kleine Streifen von einem Mitsuba-Blatt und drumherum, wie absichtslos verstreut, schließlich drei doppelte Kiefernnadeln. Dazu serviert man je Portion drei zu Rechtecken geformte Stücke Bohnenquark, bestrichen mit einer gelben, roten und grünen Paste, auf Bambusgäbelchen gespießt und in einer länglichen roten Lackschale angeordnet – ein großartiger Kontrast. Es ist alles *irodori yoku,* alles „geschmackvoll nach der Farbe zusammengestellt". Ja, die Farbe scheint außerordentlich wichtig. Ein mit einer japanischen Freundin gemeinsam unternommener Kochversuch lief ungefähr so ab: Nach dem japanischen Kochbuch wurden ein paar Gerichte ausgesucht, die notwendigen Materialien herbeigeschafft und auf dem Tisch ausgebreitet. Kazuko betrachtete sie sinnend. „Nein", sagte sie, „da fehlt noch etwas Rot, und für das Gemüse sollten wir noch etwas Blau haben, so das Blauviolett von Auberginen vielleicht." Sie kochte ganz nach der Farbe. Das Merkwürdige war, es paßte dann auch geschmacklich ausgezeichnet zusammen.

Anderes, zum Beispiel die *sushi,* mit rohen Fischscheiben belegte Reisröllchen, sieht für uns so appetitlich süß aus, daß es europäische Augen eher für kleine Kuchen, Petit fours etwa, halten als für rohen Fisch. Manche gutgläubigen Touristen kann man schon damit erschrecken: Es war Sommerzeit, die alte Kaiserstadt Kyōto voller Touristen, internationales Stimmengewirr, auch Deutsch darunter. Ein paar ältere Damen, vielleicht waren es pensionierte Lehrerinnen, waren genau wie wir auf Abendbrotsuche. Wir hatten unser Auge auf ein solches *sushi*-Restaurant geworfen. Seine Gerichte waren, appetitanregend in Plastik modelliert, in einem Fenster ausgestellt, und wir studierten die Preise. Da traten die Damen hinter uns, und eine sagte zur anderen: „Das sind gewiß kleine Kuchen, die sehen wirklich lecker aus!" Ein unsererseits herzlos hingeworfenes: „Nein, das ist roher Fisch auf Reis", ließ sie mit einem entsetzten Aufschrei davonstieben. Möglich aber, daß sie, hätten sie es probiert, davon begeistert gewesen wären, sie waren nur in einem Vorurteil befangen.

Einmal war da ein Kavalier, der hieß mit Namen Ariwara no Yukihira und stand dem Gardeamt zur Linken vor. Nun hatte sich die Kunde verbreitet, er habe in seinem Hause einen vortrefflichen Reiswein; also gab er eines Tages ein großes Festmahl, bei dem Fujiwara no Masachika, der als Mittlerer Revisionsrat in den kaiserlichen Gemächern diente, den Ehrenplatz einnahm. Und weil Yukihira einen vorzüglichen Geschmack besaß, stellte er blühende Zweige in ein Gefäß, darunter eine ungewöhnliche Glyzinie, deren Blütentrauben wohl an die drei Fuß und sechs Zoll maßen. Sogleich begann man auf sie Gedichte zu machen. Schon hatte fast jeder eines hergesagt, da erschien, nachdem er von dieser Feier gehört, der Bruder des Gastgebers, und die Gesellschaft hielt ihn fest und forderte auch von ihm ein Gedicht. Im Grunde verstand er zwar nichts davon, weshalb er ablehnen wollte; schließlich aber auf allgemeines Drängen dichtete er:
Es sind so viele,
die unter diesen Blüten
Zuflucht suchen;
größer ist als je zuvor
der Schatten der Glyzinie.
Einige fragten: „Was soll das bedeuten?" Worauf er antwortete: „Ich dachte an den herrlichen Aufstieg des Großkanzlers und daran, wie die ganze Familie, die die Glyzinie in ihrem Namen trägt, so in voller Blüte steht." Und die Kritiker schwiegen.

(Das Ise-monogatari, 10. Jahrhundert)

Natürlich hat die japanische Hausfrau nicht die Zeit und Lust, täglich alles im großen Stil der Kochkünstler anzurichten und zu arrangieren. Dafür sind die Restaurants da – in Japan geht man gern zum Essen aus. Den eigentlichen, höchst kunstvollen Augenschmaus bieten jene kleinen, hinter Mauern und Hecken versteckten, von außen kaum erkennbaren, meist aber sehr vornehmen Restaurants ganz traditionellen Stils. Selbst in Tōkyō gibt es sie noch und wie viele von ihnen. Manche befinden sich sogar im Keller eines Hochhauses oder irgendwo mittendrin, zwischen Büros oder in der Ecke eines Hotels, abgeschirmt gegen alles. Hier kann man ganz vergessen, daß man sich in einer der größten und modernsten Städte der Welt befindet, und fühlt sich vielleicht versetzt in ein altes Herrenhaus. Schon an der Tür wird man von einer freundlichen Bedienerin empfangen, die beim Ablegen der Schuhe – bei mit *tatami*-Matten ausgestatteten Räumen obligatorisch – behilflich ist und einen dann in ein separates Zimmer geleitet. Es ist in solchen Restaurants immer noch üblich, jeder einzelnen Gesellschaft, und seien es nur zwei Personen, in einem eigenen Zimmer zu servieren, und zwar stets von den gleichen Bedienerinnen betreut. Hat man auf den dicken Polstern Platz genommen, die auf den *tatami*-Boden ausgelegt sind, kommen als erstes die berühmten *o-shibori,* die heißen Tücher, Hände und Gesicht zu erfrischen, gefolgt von einem ersten Tee und den Getränken.

Man kann nun aussuchen, es sei denn, man hatte nicht vorher schon alles verabredet. Am besten ist es, man überläßt sich den Vorschlägen des Hauses, so kann man noch die Freude der Überraschung genießen. Und dann beginnt es, in langsamer Folge erscheint ein Gericht nach dem anderen, sie einzeln hier aufzuzählen würde zu einem Kochbuch ausarten, aber es sind viele. Sieben Gänge etwa, eines immer köstlicher angerichtet als das andere, so daß auch das einfachste Gefäß etwas Kostbares erhält. Jedesmal sind es nur kleine Portionen, und beim ersten Mal denkt man, man würde gewiß hungrig vom Tisch aufstehen. Aber dem ist nicht so. Wenn das abschließende Obst gereicht wird, fühlt man sich, als hätte man ein Steak gegessen und doch leicht und angenehm, denn schwere Fette fehlen ganz. Ist das Essen beendet, ist es allerdings wichtig, nicht mehr allzulange zu verweilen, die nächsten Gäste warten schon. Aber es ist auch nicht nötig zu eilen, langsam nimmt man seine Sachen zusammen, unten ruft jemand: „Die Gäste von Zimmer sowieso möchten gehen!", und schon findet man seine Schuhe fein säuberlich vor die letzte Stufe der Treppe gestellt, Schuhanzieher daneben. Die Rechnung wird vornehm irgendwo in den hinteren Räumen beglichen. Draußen regnet es ein wenig, schnell ergreift eines der Mädchen einen Schirm, um die Gäste zum Taxi zu geleiten. Aber erst der Abschied: Verbeugungen von beiden Seiten, die Bedienerinnen danken, liebenswürdig doch, als seien sie allesamt die Herrinnen des Hauses, und der Gast bedankt sich für die freundliche Bewirtung, die aufgewendete Mühe.

Seine Familie bestand aus vier Personen, und doch hatte er nur drei Kreiselschnecken gekauft. Es war ihm nicht eigentlich klar, wie weit es Rücksicht auf die Gefühle seiner Schwiegertochter Kikuko gewesen war, da er ja wußte, daß Shūichi zum Abendessen nicht heimkommen würde. Vom Fischhändler befragt, wie viele er haben wolle, hatte er ohne bestimmten Grund Shūichi einfach nicht mitgezählt.
In einem Gemüseladen unterwegs kaufte er noch Ginkgonüsse ein und kehrte dann nach Hause zurück.
Weder Yasuko noch Kikuko zeigten sich darüber verwundert, daß Shingo, was doch ungewöhnlich war, Fisch eingekauft hatte.
Wahrscheinlich wollten sie sich nicht anmerken lassen, was sie empfanden, nachdem Shūichi, den sie mit ihm erwartet hatten, ausblieb.
Shingo reichte Kikuko die Schnecken und die Nüsse hin und ging ihr in die Küche nach.
„Mach mir doch ein Glas Zuckerwasser."
„Ja, gleich", sagte Kikuko, aber Shingo drehte selber den Wasserhahn auf.
Im Becken dort lagen Langusten und Steingarnelen. Wie gut sie zueinander passen, dachte Shingo. Im Fischladen hatte er überlegt, ob er Krebse nehmen sollte; aber von beiden Arten zu kaufen, auf diesen Gedanken war er nicht gekommen.
Er betrachtete die Färbung der Garnelen und sagte: „Die sind wirklich gut." Sie waren frisch und hatten einen schönen Glanz.
Kikuko klopfte indessen die Ginkgonüsse mit dem Rücken des Tranchiermessers auf. „Schade", sagte sie, „du hast es gut gemeint, aber essen kann man diese Nüsse nicht mehr."
„So? Sie scheinen mir ja auch ungewöhnlich für die Jahreszeit."
„Ich werde anrufen und dem Gemüsehändler Bescheid sagen."
„Ah, laß nur! Aber was meinst du: Sind nun die Kreiselschnecken nicht überflüssig? Wo sie doch den Krebsen so ähnlich sind."
„Wir machen es wie die Restaurants in Enoshima." Dabei streckte Kikuko flüchtig die Zungenspitze heraus. „Die Schnecken kochen wir in ihrem Gehäuse, die Langusten rösten wir, und die Garnelen nehmen wir für Tempura. Ich gehe noch Shiitake-Pilze kaufen; wenn du inzwischen aus dem Garten Auberginen holen könntest?"
„Ja, gern."
(Yasunari Kawabata: Ein Kirschbaum im Winter, 1949–1954)

Der Fischmarkt in Tōkyō ist einer der berühmtesten der Welt. Aber nicht nur Fische findet man dort. Wenn sie morgens längst verkauft sind, geht das Leben an den vielen Verkaufsständen um die Hallen noch weiter. Dort gibt es alles, was der professionelle Koch braucht: Körbe, Schalen, Töpfe, Küchenbretter und vor allem Messer, manche von einer handwerklichen Qualität, daß man sie bei uns in einem Kunsthandwerkladen suchen würde. Mindestens sechs verschiedene Grundformen gibt es und diese dann in vielerlei Variationen: lanzettförmig zugespitzt, beilartig, andere wie Sicheln und schmale mit gerader oder schräger Spitze, alle mit massivem Holzgriff. Viele sind handgeschmiedet und tragen eine stolze Signatur. Allerdings sind sie nicht rostfrei, und man muß sie pflegen. Aber sie besitzen eine außerordentliche Schärfe – kein Wunder in einem Land, in dem die besten Schwerter geschmiedet wurden. Die Messer liegen gut in der Hand und bewegen sich mit ihr wie von selbst. Das ist wichtig, denn so vieles muß in der japanischen Küche geschnitten werden – in kleine mundgerechte Stücke oder hauchdünn und fadenfein wie Rettich zum Beispiel. Die rhythmischen Bewegungen des Kochs beim Schneiden gleichen einem Tanz – Arm, Hand und Messer sind eins –, skandiert vom Klang beim Auftreffen des Messers.

Daß der Buddhismus es verbot, Vierfüßler zu essen, mag eine der Hauptursachen gewesen sein, warum ein wesentlicher Teil der japanischen Ernährung durch Fisch bestritten wird. Vierhundert verschiedene Fischarten hat man sich aus dem Angebot der Meere, Seen und Flüsse ausgesucht. Doch heute werden viele von ihnen längst gezüchtet.

Während die Fangquoten zurückgehen, steigen dort die „Ernten" Man liebt den Fisch in seinem Eigengeschmack, der in Japan sanft ist, nicht penetrant. Zu viele Zutaten und Gewürze werden vermieden. Für Bouillabaisse hat man keinen Sinn. Am delikatesten ist es, ihn roh zu essen, in kleine Scheiben zerteilt und malerisch angeordnet. Nur etwas Sojasoße und *wasabi*-Meerrettich dazu genügen vollauf.

In Japan geht man gern zum Essen aus. In den Städten drängen sich die Restaurants, eins neben dem anderen, die miteinander wetteifern. Ein einzelnes Restaurant, weit und breit ohne Konkurrenz, kann ja nichts taugen, vermutet mancher mißtrauisch. So spezialisiert man sich eben. Da gibt es Restaurants für japanische und für chinesische Nudeln, Restaurants, die nur Aalgerichte anbieten, und vor allem die Läden für *sushi,* eine fast luxuriöse Spezialität: leicht gesäuerter Reis wie längliche kleine Kuchen geformt, manche mit ein wenig *wasabi*-Meerrettich bestrichen, belegt mit einer Scheibe rohem Fisch, rotem *maguro*-Thunfisch, silbernem heringähnlichem *kohata,* rosa *ebi*-Garnele, aber auch mit Muscheln und rotem Kaviar und vielem anderen. Der schwarzglänzende Seetang, zu dünnen Blättchen getrocknet, bildet mit dekorativen Streifen einen farblichen Kontrast. Mit hineingewickelten Reisröllchen ißt man ihn gern zum Abschluß. Das Wichtigste am *sushi*-Laden ist die Theke; der untere Teil des Tresens, meist aus Glas, dient als Kühlschaufenster, hier liegt alles, was man sich nur wünschen kann, appetitlich ausgebreitet. Der Koch wird es zubereiten und auf einem schönen Holzbrett servieren, eins nach dem anderen und immer zwei, zusammen mit leicht säuerlichem, in dünne Blätter geschnittenem Ingwer als Hilfe für den Magen, denn ganz leicht sind *sushi* nicht.
Aber der Koch schweigt bei seiner Arbeit nicht. Scherzworte fliegen hin und her, Fragen, Geschichten. Frische *sushi* und ein gutes Gespräch passen vorzüglich zusammen, ja bedingen einander.

Onsen

旅行温泉

Es war ein heißer Sonnentag, das Pferd des Kaisers ging schon ein wenig langsam. Mit seinem seidenen Ärmel tupfte sich der „Himmlische Enkel" ein wenig über die Stirn. Man merkte, daß er etwas vor sich hinmurmelte. Soll man sich Uda-tennō oder Kameyama-tennō vorstellen, war es das 9. Jahrhundert oder das 13., vielleicht auch eines dazwischen? Nun, jedenfalls war es einer der vielen Kaiser, die sich in diesen Jahrhunderten auf Pilgerfahrt zu den großen Kumano-Schreinen auf die Ki'i-Halbinsel begaben. „Wie war das Gedicht gestern, habt Ihr es aufgeschrieben?" wandte sich der Kaiser an einen der ihn begleitenden Höflinge. Der so Angesprochene geriet in arge Verlegenheit, er konnte sein „Busenpapier", auf das er die Gedichte notierte, die man auf dieser Pilgerfahrt zu verfassen pflegte, nicht finden. Außerdem waren ihm die Finger feucht von Schweiß, es blieb alles an ihnen hängen. Höchste Zeit war es, daß sie ins Bad kamen. Da endlich ritten sie in das kleine Flußtal ein und wurden schon von weitem der kleinen Badehütten, die man über dem strudelnd dahinfließenden Gebirgsbach errichtet hatte, ansichtig. Es war viel Volks dort versammelt: Diener, Bademeister, Aufwärter; bunte Tücher waren ausgespannt. Alle bemühten sich um den Kaiser und sein Gefolge. Endlich konnten die hohen Pilger in das heilende Wasser untertauchen, welch eine Erfrischung für die müden Glieder – – –

Der Ablauf dieser Geschichte ist keineswegs verbürgt, aber so oder so ähnlich kann man sich die kaiserlichen Pilgerfahrten, die auch „Badereisen" waren, vielleicht vorstellen. Den Ort jedenfalls, in dem die Badehütten standen, gibt es noch, ein florierender, reizender kleiner Badeort in den Bergen.

Badereisen gehören seit alter Zeit und erst recht heute zu den größten Vergnügungen in Japan. Zur Heilung werden sie selbstverständlich auch genutzt, sind auch berühmt dafür, aber letztlich ist das sekundär. Das allgemeine Wohlbefinden, die Unterhaltung und Entspannung im Badeort und in den heißen Quellen, die man japanisch Onsen nennt, stehen weit im Vordergrund.

Das Baden in solchen naturheißen Mineralquellen reicht bis in die graue Vorzeit Japans zurück: Sagen und Legenden knüpfen sich an die alten Badeorte, fast anderthalbtausend soll es davon geben mit mehr als 12 000–15 000 Quellen. Die jährliche Besucherzahl übersteigt sechzig Millionen. Natürlich stehen die Quellen mit der vulkanischen Erdgeschichte des Inselbogens im Zusammenhang, wenn auch nicht unbedingt mit dem sogenannten jungen, aktiven Vulkanismus. Viele heiße Quellen treten auch in den Bereichen erstarrter Schmelzmassen auf oder an den tektonischen Störungslinien, besonders an den Kreuzungspunkten mit tektonischen Leitlinien. Jedoch entstammen die meisten der heißen Quellen dem Gebiet der im Quartiär und Tertiär entstandenen Vulkane. Man findet sie in ganz Japan, vom Norden bis zum Süden, und sie sind reich an den verschiedensten Mineralien; Kochsalz und Schwefel kommen wohl am häufigsten vor, aber auch Eisen, Kohlensäure bis hin zum Radium sind nicht selten. Bedeutsam ist ihre Temperatur – fünfzig Grad sind fast normal –, sie kann sogar die hundert Grad überschreiten. Oft kommen die Quellen tief aus dem Berg und werden direkt in das Hotel geleitet.

Man hat aber auch manchmal das Gefühl, es koche einem unter den Füßen und der vor einem blubbernde, blasenschlagende Höllenpfuhl wolle einen in die Tiefe ziehen. Das hat schon etwas Unheimliches und bezieht die ganze Landschaft mit ein; nicht von ungefähr nennt man sie Höllental. Noboribetsu zum Beispiel, ganz oben im Norden auf Hokkaidō, besitzt ein solches Höllental schon am Ortsausgang. Ein Weg führt daran entlang – welch ein Farbenspiel: Steine, Erdflächen vom Bräunlichen übers Rötliche ins Schwärzliche spielend, informelle Bilder, phantastische Plastiken. Wenn man dann den Berg hinaufsteigt, ist es, als sei man in einen Geisterwald geraten. Abgestorbenes Buschwerk streckt einem die weißlichsilbrigen Äste entgegen, und von jenseits des Kammes steigt Dampf auf: ein kleiner „kochender" See mit bizarr geformten tuschschwarzen Ufern voll kleiner schwarzer Perlen. Nimmt man sie in die Hand, zerfallen sie – Asche.

Dort, wo die Kaiser einst pilgerten, ist es jedoch fast lieblich. Längst steht oberhalb des alten Ortes am Berg – er heißt Yunomine – ein modernes Badehotel, modern in seiner äußeren Gestalt, doch innen eingerichtet nach alter, noch immer moderner japanischer Art, mit *tatami*-Bodenmatten, papierbespannten Fenstern und Wandschränken und all dem übrigen. Hier geht es jedoch etwas anders zu als in einem gewöhnlichen Ryokan-Gasthof, denn schließlich steht das Baden im Mittelpunkt. So hat man, im Badehotel angekommen, nichts Eiligeres zu tun, als alle Kleidung so bald als möglich loszuwerden und in den bereitliegenden frisch gestärkten Baumwoll-*yukata* zu schlüpfen. Die Unterhaltung mit der Bedienerin, der O-Nesan, beim obligaten Begrüßungstee beschränkt sich hier auf die Fragen des Bades, vor allen Dingen, ob man das Bad vor oder nach dem Abendessen nehmen möchte. Vor dem Abendessen ist immer besser, der Genuß ist dann doppelt. Dann zeigt sie den Weg, ein paar Treppen hinauf und wieder hinunter, aber man findet sich zurecht, immer dem Geruch nach Feuchtigkeit und Wasser nach. Die gläserne Schiebetür unter dem Schild „Großes Bad – Damen" scheppert ein wenig. Sie öffnet sich zu einem kleinen Vorraum mit Regalen und Körben. Jetzt ist es an der Zeit, auch den Rest der Bekleidung loszuwerden.

Die gegen den Garten hervorragende Galerie leitet den Fremden zu dem heimlichen Gemach und der Badestube. Das heimliche Gemach ist zur Seite des Hinterhauses und so angelegt, daß man durch zwei Türen hineingeht. Im Eintritt findet der, welcher etwa mit bloßen Füßen den Boden, der jedoch ebenwohl sauber und mit Matten belegt ist, zu berühren sich scheuen möchte, ein paar neue Binsen- oder Strohpantoffeln. Seine Notdurft verrichtet man auf asiatische Manier, nämlich im Hocken, durch eine schmale Öffnung des Fußbodens. Von außen wird ein Trog untergeschoben, der mit Kaf oder Spreu ausgefüllt ist, worin sich der üble Geruch augenblicklich verliert. Bei Personen vom Stande wird das kleine Brett, vor welches man sich über die Öffnung niederläßt, so wie die Handhaben bei der Tür, mit einem frischen Bogen weißen Papiers jedesmal beklebt. Unweit dem heimlichen Gemache findet man ein Wassergefäß, um sich hiernächst die Hände abspülen zu können. Dasselbe ist gewöhnlich ein aufrechtstehender langer rauher Klippenstein, der oben zu einem Wasserkump zierlich ausgehauen und mit einer neuen Kelle von Bambus versehen ist, im übrigen aber mit einem Tannen- oder Zypressenbrettchen bedeckt ist, in welches, so oft man es abnimmt, ein Stift von Bambus eingesteckt wird, weil dieses Holz stets sauber ist und von Natur gleichsam einen Lack hat.

Das Badehaus schließt sich gewöhnlich an die hinterste Seite des Gärtchens an und ist aus Zypressenholz gebaut. Man trifft darin entweder eine Fro, d. i. einen Dampfkasten oder Behälter, oder nur ein Cifro, d. i. ein warmes Wasserbad, an. Weil es die Gewohnheit der Nation mit sich bringt, sich auf der Reise alle Tage zu baden, ein Mittel sowohl wider den Schweiß als die Müdigkeit der Glieder, so wird auch täglich gegen Abend das Bad desto eher warm und fertig gehalten, da ein Japaner wegen seiner leichten Entkleidung nicht viele Hindernisse hat, sich dessen, wenn es ihm einfällt, zu bedienen; denn sobald er seinen Gürtel gelöst und mit einem Wurfe alle seine Kleidungsstücke hinter sich hat abfallen lassen, steht er, außer dem Schambande, mutternackend da.

(Engelbert Kaempfer, 1691)

Sind nicht gerade Mütter mit Kindern da, wird nicht geredet, kaum gegrüßt, in seiner Nacktheit nimmt man hier einander einfach nicht wahr. So deponiert man seinen *yukata* in einem der Körbe und ergreift sein kleines Tuch, wie man es oben im Zimmer gefunden hat, ein Mittelding zwischen Waschlappen und Handtuch, und geht wie alle anderen durch eine zweite Glastür. Schon steht man im Baderaum: Heißer Dampf dringt einem entgegen, die Spiegel beschlagend, die an einer Längswand über einer Reihe von Wasserhähnen angebracht sind. Hier hocken sie nun, die Alten, die Jungen, ob faltig oder rosig, und seifen sich tüchtig ein, einmal, zweimal, manchmal auch gegenseitig und dazu immer einen Schwall Wasser über den Rücken aus einem der kleinen Bottiche, die in der Ecke für jeden bereitstehen. Nun erst geht es ins Becken, vorsichtig zunächst, daran erkennt man den Neuling in diesem Onsen, der mit einem Zeh probiert, und würde man sich nicht genieren, hätte man ihn schnell wieder zurückgezogen – das Wasser hat hier bestimmt mehr als fünfzig Grad. Nur langsam wagt man etwas mehr, bis man schließlich bis zum Hals im Becken sitzt. Erstaunlich immer wieder, wie gut das tut. Die Haut rötet sich allmählich, fast ist man schon an die Hitze gewöhnt. Dabei ist es ein Gefühl, als machten sich die eigenen Glieder selbständig, als schwimme man im heißen Sud, und hält sich doch ganz ruhig.

Irgendwoher kommt ein kühler Luftzug. Jemand hat die Tür nach draußen geöffnet, wo das Becken sich fortsetzt, von Felsen eingerahmt. Froh, einen Grund zu haben, aus der Hitze zu fliehen, folgt man dieser Aufforderung. Draußen ist das Wasser in der Tat nicht ganz so heiß, bildet man sich ein, denn die „höllische" Tiefe, aus der es stammt, ist natürlich die gleiche. Aber die Abendbrise wird wohl das ihre tun. Das Becken scheint flacher; fast auf dem Rücken liegend, breitet man die Arme weit aus, bereit, den ganzen Himmel aufzunehmen. Von den Bergen ringsum fällt rasch die Dämmerung, da und dort steigt weißer Dampf auf, die Sterne, die glitzernd hervortreten, bald verhüllend, bald wieder freigebend – der Höhepunkt des Onsen-Genusses ist erreicht. Die Welt des Kleinkrams ist vergessen, hinweggespült, aufgelöst im Dampf, wenigstens für Minuten.

Doch solche Höhepunkte dauern nicht lange, die ganz realen Bedürfnisse machen sich wieder bemerkbar. Ein solches Bad macht hungrig. Nach der Rückkehr ins Zimmer ist bereits der Tisch gedeckt mit lauter kleinen Köstlichkeiten, denn das Essen in einem guten Onsen-Hotel ist mindestens ebenso wichtig. Der niedrige Tisch ist dicht besetzt mit kleinen Schalen und Schälchen: gebackener Fisch, roher Fisch, Langustenbeine, Gemüse und Eierröllchen, dazu ein Würfel Tōfu in einer pikanten Soße. Nach einer Weile meldet sich die Bedienerin an der Tür. Sie bringt noch den Reis in einem schönen schwarzen Lacktopf, die heißen Sojapastensuppen in gedeckten Lacksuppenschalen und schließlich den Reiswein in kleinen Porzellanflaschen, in denen er erhitzt wurde. Dann läßt uns die O-Nesan allein, nur ab und zu schaut sie herein, ob noch etwas fehlt, ob sie noch Reiswein nachschenken soll.

Schließlich der Ausklang: Der Mond steht schon hoch am Himmel, aber es ist noch warm, so kann man noch ein wenig spazierengehen. Der *yukata* genügt dafür vollauf, und selbst im Andenkenladen wundert sich niemand darüber, im Gegenteil: Besser kann ein Gast sich nicht ausweisen, denn auf dem *yukata* steht der Name des Hotels, mehrmals, wie ein Muster, das ist fast wie eine Kreditkarte. Inzwischen wurden die *futons* im Zimmer ausgebreitet, noch einmal lockt das Bad, dann ist es besser, bald zu schlafen, denn am Morgen heißt es auch hier zur zwar selbst festgesetzten Zeit: „Ohayō gozaimasu!"

Die Qualität der heißen Quellenbäder, der Onsen, ist sehr unterschiedlich. Manche können vor lauter Vergnügungsrummel und touristischem Aufwand nicht recht zur Ruhe kommen. In anderen legt man aber gerade auf diese besonderen Wert; Entspannung und Unterhaltung ja, aber nicht mit dem Glitzer lärmenden Aufwands. Es gibt noch viele solcher Onsen, die dabei einen traditionellen, wenn auch modern modifizierten Stil pflegen, und erstaunlich, wie gut das zusammengeht.

Einer der Badeorte dieser Art, gleichzeitig einer der schönsten überhaupt, ist Yufuin auf Kyūshū, der südlichen Hauptinsel oberhalb Beppus in den Bergen gelegen. Als Stadt ist Yufuin schon alt, doch nicht als Badeort. Ursprünglich war es nur ein Bauerndorf. Doch als auf Kyūshū der Bergbau begann, Geld und Leute ins Land zu bringen, baute man viele Sommerhäuser. Das war in den zwanziger Jahren. Als nach dem Krieg das Wirtschaftswunder begann, war es nicht leicht, diesen Landhauscharakter zu erhalten, denn ein berühmter Ort mit steigendem Wohlstand zieht Spekulanten an. So war es auch in Yufuin, und es sollte mit großen Hotels zugebaut werden. Da begannen die Leute von Yufuin die Sache selbst in die Hand zu nehmen, die Landhäuser zu kleinen Badehotels auszubauen, indem man dafür einen eigenen ländlichen Stil entwickelte. So konnten sich die Bewohner von Yufuin schon in den fünfziger Jahren erfolgreich gegen die Großprojekte wehren. Nur ein paar kleine Zugeständnisse – ein kleines Familienhotel – wurden gemacht, doch die bäuerlich-ländliche Atmosphäre blieb erhalten. Behäbig liegen sie da, die großen Onsen-Ryokans, das „Landhaus zur Schildkrötenquelle" oder die „Heiße Perlenquelle", eingebettet in einen parkartigen Hain alter Bäume, und auch die kleinen Pensionen verstecken sich in mehr oder weniger zugewachsenen heimeligen Gärten. Kaum ein Auto fährt durch, die Dorfstraßen sind still. Selbst in den in allen Touristenzentren und erst recht in den Badeorten obligatorischen Andenkenläden mit den „Omiyage, dem an diesem Ort Hergestellten", den Souvenirs, hält man auf Stil und läßt nur gutes einheimisches Kunsthandwerk zu. Darüber hinaus richtete man, um dem Aktivitätsdrang der Gäste entgegenzukommen, ein *mingeimura,* ein Volkskunstdorf, ein mit einem hübschen volkskundlichen Museum mit Werkstätten für Keramik, Glasbläserei, Kreiseldrechslerei, die den Gästen erlauben, den Handwerkern über die Schulter zu schauen oder selbst etwas zu versuchen. So schlendert man von Werkstatt zu Werkstatt, kauft da etwas ein, fragt dort den Meister nach seiner Arbeit und kann sich so den ganzen Tag hochinteressant beschäftigen; und zwei Kunstmuseen sind auch da, für chinesische Keramik und für moderne Bildhauerei – Yufuin, das ideale Onsen.

Doch das Schönste immer noch und auch hier ist das Baden. Das Badehaus des „Landhauses zur Schildkrötenquelle" ist ein kleiner Pavillon, aus geschälten Stämmen kunstvoll gefügt. Felsengruppen und weißblühende Gewächse bereiten eine romantische Atmosphäre. Aber sein Dach ist etwas Besonderes. Es ist aus Glas und nur von den Blättern eines Baumes ein wenig beschattet. Der Wind streicht durch die Bäume, und es hebt ein Tanz an von vielfältigen Figuren. Nächtens tritt der Mond hinzu. Langsam schiebt er sich über den Dachrand, Blätter und Zweige in phantastische Gestalten verwandelnd. Im Wasser hockend, genießt man das Schauspiel, das beabsichtigte Schauspiel, denn diese Genüsse sind im Onsen durchaus kalkuliert.

Der Tümpel

Ah, ich wollte, es wäre wie lang zurück an jenem Tag der wilde Sommer wieder. Was war das für ein Sommertag! Ich lief den vergrasten Pfad an der Klippe hinab. Rot wie Blut blühten talwärts die Nirvana-Blumen, vom Berg her fiel wie ein Regenschauer das Geschrill der Zikaden. Da sprang ich mitten hindurch. Lebendig in der steil aus Mittag sengenden Sonne nur ich und mir voraus der Schwarm der Libellen. Im Dorf die Leute lagen, wie sie umgesunken waren, reglos in ihren Häusern. Und ich hastete, mich drunten in den Bach zu stürzen, wo er, eingerahmt von Farn und Felsen, einen winzigen Tümpel staute wie ein Tintenfaß.
(Yasushi Inone, 1971)

Der Herbstabend ist ungewöhnlich kühl, Nebel ziehen um den kleinen Badeort zu Füßen hoher Berge. Man fröstelt, die Kleidung fühlt sich feucht an und klamm. Dämpfe steigen auf und machen den Nebel noch dichter. Das kleine Gästezimmer im Ryokan-Gasthof ist auch nicht gerade warm, und man scheut sich, schon jetzt den Heizlüfter anzuschalten. Aber das Bad – das Bad bringt die Lösung all solcher Probleme. Schnell in den bereitliegenden Baumwoll-*yukata* geschlüpft und hinuntergeeilt zu den heißen Quellen. Im Vorraum ist ziemlich Betrieb, und die Körbe sind schon fast alle belegt. Es war wohl vielen etwas kalt geworden, und sie suchten dieselbe, die natürlichste Lösung. Wie angenehm der warme Dampf, der aus dem Baderaum dringend auch den Vorraum erwärmt, und das heiße Wasser lockt; heute kann es ruhig 50 Grad übersteigen. Im Baderaum sind wohl alle Wasserhähne besetzt, nur in der Ecke ist noch einer frei, und auch ein kleiner Schemel steht davor, schön aus dicken Brettern gefügt, nicht so ein rosa Plastikding, mit dem man manchmal andernorts vorliebnehmen muß. Schnell noch einen Kübel geholt, dann kann es losgehen. Erstaunlich, wieviel Seife die Nachbarin schon verbraucht hat, ganze Schaumbäche streben dem Abfluß zu. Man beginnt sich einzuseifen: erst einen Kübel heißes Wasser aus den Hähnen über die rechte Schulter, dann einen über die linke und schließlich gerubbelt. Die Kälte ist längst vergessen, und man müht sich redlich, schließlich will man der Nachbarin nicht nachstehen, die sich schon zum vierten Mal Schultern, Brust und Bauch und alles übrige begießt. Plötzlich hält sie inne, und, ohne aufzusehen, sagt sie halblaut: „Soll ich Ihnen nicht den Rücken schrubben?" Zunächst zögert man ein wenig, warum aber eigentlich nicht, und es ist schließlich ein recht behagliches Gefühl; jeder Winkel, jede Falte wird nun ganz gewiß sauber. Jetzt aber muß man sich dankbar erweisen und stellt die gleiche Frage. Sie wird mit einem kurzen „Bitte" beantwortet. Die Nachbarin ist klein und zierlich, und es ist gar nicht schwierig, ihre glatte Haut zu rubbeln. Ob man es richtig gemacht hat? Man weiß es nicht. Vielleicht ist ihr das Gefühl doch nicht so angenehm. Jedenfalls sagt sie bald mit einer angedeuteten Verbeugung: „Vielen Dank für Ihre Mühe!" Jetzt noch einmal sich aus dem Kübel übergossen, und nun endlich kann man in das Becken steigen. Heiß durchströmt es die Glieder, man spürt ein leichtes Kribbeln auf der Haut, das aber den Genuß noch erhöht. Nur der Duft – der Duft ist nicht so angenehm. Man kommt sich vor, als bade man im Höllenteich. Es stinkt ziemlich heftig nach Schwefel. Aber das macht den Ruhm der Quelle aus, sie verschafft eine schöne Haut. Wieder im Zimmer, ist alles Kältegefühl verflogen, und sollte es noch einmal wiederkehren, kann man ja nochmals ins Bad gehen, wenn man nicht schon vorher im *futon* in aller Behaglichkeit eingeschlafen ist.

Nachdem wir uns eine Weile ausgeruht hatten, führte mich der Mann ins Badehaus. Wir schritten von der Straße aus einen steinbelegten Pfad und eine Steintreppe etwa hundert Meter abwärts, überquerten eine über einen kleinen Bach führende Brücke und betraten dann den Garten des Badehauses.

Ich saß bereits planschend im Wasser, da kam auch der Mann herein. Er erzählte mir ziemlich unvermittelt, er sei vierundzwanzig Jahre, seine Frau habe zweimal Unglück mit Kindern gehabt, das eine Mal sei es eine Fehlgeburt und das andere Mal eine Frühgeburt gewesen. Ich fragte nicht danach, aber ich schloß aus den Schriftzeichen auf seinem Gewand, daß er in Nagaoka ansässig sei. Seine Gesichtszüge und seine Art zu sprechen ließen deutlich erkennen, daß er gescheit und gebildet war, und ich hielt es nicht für ausgeschlossen, daß er aus Neugier oder gar aus Verliebtheit in eine der Musikantinnen nun berufsweise Gepäckstücke trug.
An das Bad schloß sich das Mittagessen an. Es war drei Uhr, als wir damit fertig waren. Um acht Uhr morgens waren wir von Yugashima aufgebrochen.
Ich saß gerade wieder an meinem Fenster, da kam der Mann unten im Garten vorbei und grüßte zu mir herauf.

„Wenn Sie mögen, kaufen Sie sich doch bitte Kakifrüchte hierfür. Verzeihen Sie, daß ich es Ihnen hinunterwerfe", rief ich ihm zu und warf ihm in Papier gewickeltes Geld hinab, um ihm eine kleine Freude zu machen. Er machte eine ablehnende Gebärde und wollte weitergehen, da aber das Papier dicht hinter ihm auf den Rasen fiel, wandte er sich danach um und hob es auf.
„Nein, das dürfen Sie nicht tun", rief er und warf das Papier wieder herauf, aber es fiel nun auf das Strohdach. Ich ergriff es schnell, warf es noch einmal lachend hinunter, und da nahm es jener auch auf und ging weiter.
Als der Abend langsam dämmerte, setzte heftiger Regen ein. Die Entfernungen der Berge verschoben sich, weißer Nebel stieg auf, und der vorübereilende Bach wurde lehmig gelb und rauschte heller und lauter. Es war mir klar, daß bei einem solchen Wetter die kleine Tänzerin wohl erst sehr spät von ihrem Spiel in den Gasthäusern zurückkehren würde. Es fiel mir auf einmal wieder ungeheuer schwer, ruhig dazusitzen. So ging ich von Zeit zu Zeit in das heiße Bad hinüber.

Mein Zimmer war düster und wurde immer dunkler. In die Papierschiebetür zum Nachbarraum war oben ein viereckiges Loch geschnitten, und von der Schwelle drang das elektrische Licht, das so zwei Räume zu beleuchten hatte, matt und spärlich auch zu mir herein.
„Ron-ton-ton…" In das Rauschen des heftig strömenden Regens mischte sich der dumpfe Klang einer Trommel. Hastig riß ich das hölzerne Schiebefenster zurück und beugte mich weit hinaus. Der Klang der Trommel schien sich bisweilen zu nähern. Der Sturmwind peitschte eine Flut von Regentropfen auf meinen Kopf. Ich schloß die Augen und lauschte aufs höchste gespannt und angestrengt nach außen, um zu erkennen, in welche Richtung sich die Trommel bewegte, ob sie sich vielleicht gar meiner Herberge näherte. Bald aber vernahm ich deutlich den Ton des Shamisen und den langgezogenen, fast klagenden Gesang einer Frauen-

stimme. Lärm und Lachen drang an mein Ohr. Ich erkannte, daß meine Musikanten in einen Raum des gegenüberliegenden Gasthofes gerufen worden waren. Ich unterschied die Stimmen von drei oder vier Frauen und zwei, drei Männern. Nun, da sie bereits dort drüben waren, würden sie sicher auch bald hierher zurückkommen, und so wartete ich. Indessen überschritt dort drüben die Fröhlichkeit bald das gewohnte Maß und schien in albernes Gelärme auszuarten. Die schrillen Stimmen der Frauen durchschnitten manchmal scharf wie Blitze die Nacht. Ich fühlte, wie sich meine Nerven schmerzhaft zusammenzogen. Dennoch wollte ich mich von dem offenen Fenster um keinen Preis trennen. Wenn der dumpfe und samtene Klang der Trommel zu hören war, sang es hell und überglücklich in meinem Herzen. Oh! Immer noch sitzt meine kleine Tänzerin beim Gelage und schlägt ihre Trommel! Doch als das dumpfe Gedröhn plötzlich verstummte, wurde mir unerträglich zumute. Traurig lauschte ich dem schwermütigen Rauschen des nächtlichen Regens. Machten die ein Fangspiel drüben, oder tanzte da jemand? Ein verworrenes Geräusch von Fußtritten hielt einige Zeit an. Dann wurde es mit einem Male wieder ruhig. Meine Augen glänzten wohl vor Erregung. Ich starrte hinaus, als wollte ich um jeden Preis die böse Dunkelheit durchdringen und erfahren, was die unheimliche Ruhe da drüben wohl zu bedeuten habe. Ich verzweifelte bei dem Gedanken, es möchte meiner kleinen Tänzerin von schmutzigen Händen ein Leid geschehen. Schließlich schloß ich das hölzerne Schiebefenster und ging zu Bett, aber in meinem Herzen bebte es vor unerträglicher Angst. Ich stand auf und begab mich wieder ins Bad hinüber und planschte wie wild in dem immer noch heißen Wasser. Langsam hörte indessen der Regen auf, und silbern leuchtend trat der Mond hervor. Der vom Regen gewaschene nächtliche Herbsthimmel klarte immer heller auf. Barfuß trat ich vor das Badehaus. Es war zwei Uhr morgens, als ich unter meinen Decken lag.

Am nächsten Morgen nach neun Uhr trat der Mann zu mir ins Zimmer herein. Ich war gerade erst aufgestanden, aber ich lud ihn gleich ein, mit mir wieder ins Badehaus zu gehen. Es war ein sonniger, klarer Nachsommertag. Hell und warm schien die Sonne in den vom Regen angeschwollenen kleinen Fluß, der unterhalb des Badehauses vorüberrauschte. Die Bedrängnis der letzten Nacht erschien mir plötzlich nur mehr wie ein ferner, böser Traum. Ganz leicht sagte ich zu meinem Begleiter:

„Nun, gestern nacht ist ja recht lang und laut gefeiert worden!"

„Wie? Haben Sie es gehört?"

„Freilich hörte ich's."

„Nun ja, so sind eben die Leute hier. Werden sie lustig, so lärmen sie gleich wie toll. Es macht mir wirklich keinen Spaß dabeizusitzen."

Er tat, als sei das gestrige Fest die gleichgültigste und bedeutungsloseste Sache der Welt, und so schwieg auch ich.

Auf einmal rief er aus:
„Schauen Sie! Da sind sie ja drüben! Sie scheinen uns erkannt zu haben und winken uns lachend zu!"
Ich sah in die Richtung, in die er mit dem Finger wies, und erkannte jenseits des Flusses, undeutlich verschwommen im Dampf, sieben, acht unbekleidete Menschen.
Als ich näher zusah, war mir, als trete aus dem Dunkel des Badehauses eine nackte Mädchengestalt! Sie streckte die beiden Arme aus und rief zu mir herüber. Oh! Es war die kleine Tänzerin! Ich sah ihre herrliche Gestalt, schlank gewachsen wie ein junger Kiribaum, und mir war, als begänne in meinem Herzen eine silberne Quelle zu sprudeln.

Ich atmete tief auf, und dann lachte ich fröhlich. Oh! Was war sie noch für ein Kind! Vor lauter Freude, uns entdeckt zu haben, hatte sie ganz vergessen, noch ohne Kleider zu sein, und war, nackt, wie sie war, mitten ins helle Sonnenlicht gesprungen. Ein kleines, unschuldiges Kind! Ich lachte überglücklich laut hinaus, lachte und lachte. Ganz klar und hell wurde es in meinem Kopfe, und ich konnte in meinem Jubel kein Ende finden.
(Yasunari Kawabata: Die Tänzerin von Izu, 1926)

Im abendlichen Weiher spiegelt sich das alte steinerne *tor'i*-Tor, flechten- und moosüberwachsen. Der Schrein ist nicht weit, für ihn ist es Zeichen, Zeichen auch der göttlichen Anwesenheit, wenn der Gott geruht, herabzusteigen in das „Schilfgefilde". Ein Zeichen, das den Zugang gleichermaßen öffnet und verschließt. Daß die Vögel es nutzen auf ihre Art, ist es Respektlosigkeit oder Einvernehmen, eine Duldung durch die Gottheit oder ein Willkommen? Man weiß es nicht.

Wenn es Abend wird,
macht mich
im weiten Grasland
der Herbstwind frösteln.
Verloren klagt die Wachtel
beim Weiler Fukakusa.
(Fujiwara no Toshinari, 1114–1204)

Auch wer sie abtat,
die Welt – erfahren muß er,
was Einsamkeit heißt:
wie aus dem Weiher
die Schnepfen
in den Herbstabend fliegen.
(Saigyō, 1118–1190)

Art Direction: Peter Wassermann
Layout: Andrea Hostettler
Produktion: Peter Renn
Satz: Meier + Cie AG, CH-8201 Schaffhausen
Fotolithos: Scantrans PTE LTD., Repräsentant Karl Findl, D-8021 Icking
Druck: Meier + Cie AG, CH-8201 Schaffhausen
Buchbinder: Großbuchbinderei Eibert AG, CH-8733 Eschenbach

ISBN 3-7231-0372-3

Literaturverzeichnis

Zitate und Auszüge wurden mit freundlicher Genehmigung den Publikationen folgender Verlage entnommen:

Albino Verlag Berlin
Seite 36: Ihara Saikaku, Liebesgeschichten der Samurai, übersetzt von Siegfried Schaarschmidt, 1985

Carl Hanser Verlag München
Seite 66f: Yukio Mishima, Unter dem Sturmgott, übersetzt von Siegfried Schaarschmidt, 1986
Seite 79: Bi Yän Lu, Meister Yüan-wu's Niederschrift von der Smaragdenen Felswand, übersetzt von Wilhelm Gundert, 1960
Seite 113 u. 120: Yukio Mishima, Schnee im Frühling, übersetzt von Siegfried Schaarschmidt, 1985
Seite 140: Yasunari Kawabata, Ein Kirschbaum im Winter, übersetzt von Siegfried Schaarschmidt, 1969
Seite 154ff: Yasunari Kawabata: Die Tänzerin von Izu, in: Die Tänzerin von Izu. Ausgewählte Werke, übersetzt von Oscar Benl, 1968

Holle Verlag Baden-Baden
Seite 68f, 71, 72: Oscar Benl und Horst Hammitzsch, Japanische Geisteswelt (Daitō Kokushi, Hakuin Ekaku, Ikkyū Sōjun), 1956

Insel Verlag Frankfurt
Seite 27, 38, 42, 125f, 139: Das Ise-monogatari, Kavaliersgeschichten aus dem alten Japan, übersetzt von Siegfried Schaarschmidt, 1981
Seite 43, 45: Yoshida Kenkō, Tsurezuregusa, übersetzt von Oscar Benl, 1963
Seite 77, 94: Kakuzo Okakura, Das Buch vom Tee, übersetzt von Horst Hammitzsch, 1949/79

Rowohlt Verlag Reinbeck bei Hamburg
Seite 114f.: Junichirō Tanizaki, Die Schwestern Makioka, übersetzt von Sachiko Yasushiro und Ulla Hengst, 1964

Suhrkamp Verlag
Seite 150: Yasushi Inoue, Der Tümpel in: Eroberungszüge, übersetzt von Siegfried Schaarschmidt, 1979

Verlag der Nationen Berlin
Seite 46, 122ff, 131, 149: Reisen in Nippon (Engelbert Kaempfer), 1968

Die Gedichte aus dem Manyōshū (Seite 11, 20) von Matsuo Bashō (Seite 20), Fuyuhiko Kitagawa (Seite 20, 32), Shimpei Kusano (Seite 61), Fujiwara no Toshinari (Seite 159), Saigyō (Seite 159) wurden aus dem Japanischen übersetzt von Siegfried Schaarschmidt.

Die Schriftzeichen wurden von Akira Matsui, Heuchelheim, geschrieben.

Verlag, Fotograf und Autorin danken dem Koch Masao Mitsuhashi vom Restaurant Kikkoman, Frankfurt, für seine freundliche Unterstützung.